중급 실용영어 강의: 동사 잘 쓰기

초판1쇄 인쇄·2023년 12월 15일
초판1쇄 발행·2023년 12월 15일

지은이 장승진
펴낸이·장승진
펴낸곳·(주)프랙티쿠스
주소·서울시 서초구 잠원동 15-10 라성빌딩 4층
전화·02)6203-7774 | 팩스·02)6008-7779
홈페이지·www.practicus.co.kr | 이메일·help@practicus.co.kr
출판신고·2010년 7월 21일 제 2010-47호

© 장승진

저자와 출판사의 허락 없이는 이 책의 전부 또는 일부 내용을 어떠한 형태나 수단으로도 이용하지 못합니다.

ISBN   978-89-6893-039-3 13740

정가 15,000원

중급 실용영어 강의 동사 잘 쓰기

장승진, 프랙티쿠스 연구팀 저

프랙티쿠스

머리말

영어를 잘하기 위해 해야 할 것들은 많습니다. 다양한 명사를 익혀야 하고, 전치사도 잘 쓸 줄 알아야 하고, 틀린 문장을 분간해 내는 문법 지식도 있어야 하고, 정말 끝이 없죠. 하지만 무엇보다 동사를 잘 쓰는 것을 빼놓을 수 없습니다.

누구나 모국어를 매개로 사고하고 표현하기 때문에, 외국어를 익힐 때도 모국어의 영향력에서 벗어나기 힘듭니다. 한국어가 모국어인 우리들은 당연히 한국어의 표현방식을 그대로 둔 채 영어 단어를 끼워 넣어 영어 문장을 만들려 합니다. 그러다 보니 내가 하고 싶은 말을 더 경제적이고 정확하게 전달하게 해 주는 영어 동사들을 놓치기 쉽습니다. '처리하는 속도를 높이다'라는 말을 expedite로 표현하지 못하고, '쉽게 처리하게 해 준다'라고 할 때 facilitate를 떠올리기 힘듭니다. 동사 활용의 범위는 어떤가요. create는 근사한 것을 '창조'하는 것으로만 생각하고 '문제를 일으키다'라고 할 때는 활용하지 못하죠. 영어식 비유법에 익숙하지 못하다 보니, navigate가 바다를 항해하는 것이 아니라 '어려운 점들을 잘 극복하며 나아가다'라는 뜻으로도 왕성히 쓰인다는 점을 간과하기 일쑤입니다.

이런 한계를 극복하는 데 도움을 드리고자 이 책을 집필했습니다. 잘 알아두고 잘 써야 할 동사가 어디 219개뿐이겠습니까. 하지만 이 책에서 소개한 동사 219개의 뜻과 쓰임을 정확히 안다면, 내 영어가 몇 단계 업그레이드 될 것임은 분명합니다.

이 책은 '중급 실용영어 강의'라는 새로운 시리즈의 시작이기도 합니다. 중급을 넘어 그 이상으로 발전하고 싶은 독자들께 새로운 시리즈가 많은 도움을 드리리라 확신하면서, 우선 동사에 대한 자신감부터 높여 보시기를 권합니다.

장승진

이 책의 구성

단어와 한 줄 설명

중급 혹은 그 이상 수준의 영어 학습자라면 제대로 알아야 할 동사 219개를 선정하여 알파벳 순서로 설명합니다. 설명 내용 중 핵심을 한 줄로 요약하여 이해를 도왔습니다.

해설

책의 제목을 '중급 실용영어 강의'라고 붙인 것은 각 단어에 대해 알아두어야 할 점들을 마치 강의하듯 쉬운 말로 설명했기 때문입니다. 어렵지 않게 읽어 내려가면서 각 동사의 쓰임을 정확히 이해하게 될 것입니다.

콜로케이션 리스트

이 책을 차별화하는 가장 큰 특징입니다. 콜로케이션이란 단어 간의 궁합을 말합니다. 각 동사와 잘 어울리는 주어와 목적어에는 어떤 것이 있는지, 단어 선정 만큼이나 '실용성'이라는 기준에 의해 콜로케이션 리스트를 작성했습니다. 궁합이 잘 맞는 명사들의 리스트를 훑는 것만으로 수많은 예문을 보는 효과를 누릴 수 있을 것입니다.

목차

A	accuse ~ attend	10
B	beat ~ buy	25
C	carry ~ cut	32
D	deduct ~ drive	56
E	embrace ~ extend	69
F	facilitate ~ free	80
G	generate ~ grant	94
H	handle ~ hurt	96
I	implement ~ involve	100
J	join ~ judge	112
K	knock	114
L	label ~ leave	115

Contents

M   **maintain ~ motivate** 118

N   **navigate ~ notice** 123

O   **offer ~ overhaul** 125

P   **partner ~ publicize** 136

Q   **quantify ~ question** 147

R   **read ~ ring** 149

S   **screen ~ switch** 164

T   **talk ~ try** 187

U   **undersell ~ update** 190

V   **value ~ voice** 193

M   **wait ~ withdraw** 195

Y   **yield** 198

A~C

001 accuse

'기소하다'라는 법률 용어와 '비난하다'라는 일상 표현으로 모두 쓰인다.

영어를 공부하다 보면, 우리말에 대응하는 영어 표현이 다양하게 존재하는 경우를 봅니다. 특히 법률, 금융, 경제 분야 용어들이 그렇죠. 예를 들어 우리말에서 검찰의 '기소'는 '기소'이지, 이를 대체할 다른 단어가 다양하게 존재하지는 않습니다. 하지만 영어는 다릅니다. charge, indict, prosecute 등이 모두 기소를 의미하는 단어가 될 수 있습니다. 여기서 소개하는 accuse도 '기소하다'라는 뜻입니다. 원래 accuse는 법률에서 쓰이는 '기소'가 아니라 그냥 '누구를 비난하다'라는 의미로도 잘 씁니다. 어떤 사람을 손가락질하고 비난한다는 뜻, 그리고 검찰 용어로 쓰이는 기소, 이렇게 두 가지 의미를 기억하기 바랍니다.

- 그는 정부의 경직된 대응을 강하게 비판했다.

He strongly accused the government of its rigid response.

- 그는 회사돈을 횡령한 혐의로 기소되었다.

He was accused of embezzling company money.

- accuse의 목적어들

> **권력기관이나 언론:** media언론을 비난하다, government, police

002 acknowledge

우리말 '인정하다'에 꼭 맞는 단어. 사실을 인정한다는 뜻과 사람의 능력을 인정한다는 뜻을 모두 지닌다.

우리말 '인정하다'에는 두 가지 뜻이 있죠. 어떤 사람의 능력을 인정하는 경우가 있고, 사실이라는 걸 그냥 받아들이는 것도 인정한다고 하죠. 영어도 마찬가지이고, 이 때 등장하는 단어가 acknowledge입니다. '회사에서 인정 받는다'라고 할 때 acknowledge를 쓸 수 있고, '인정해야 되는 사실은 인정한다'라는 의미로 acknowledge를 활용할 수도 있습니다.

• 사장님께 내 공로를 인정받아 보너스를 받았다.

The boss acknowledged my work, and I received a bonus.

• 자신의 잘못을 선뜻 인정하는 사람을 찾아보기 쉽지 않다.

It's not easy to find someone who readily acknowledges their mistakes.

• **acknowledge의 목적어들**

> **잘못이나 실수:** error실수를 인정하다, fault, mistake, weakness
> **팩트나 진실:** fact사실을 인정하다, reality, truth
> **중요성과 가능성:** importance중요성을 인정하다, influence영향을 인정하다, need, possibility
> **역할이나 권리:** responsibility책임을 인정하다, right, role

003 adapt
어떤 상황에 적응한다고 할 때 가장 먼저 떠올릴 단어

우선, 비슷하게 생긴 adapt, adept, adopt를 구분할 필요가 있습니다. adept는 능숙하다는 뜻을 지닌 형용사라 덜 헷갈리는데, adapt와 adopt는 잘못 쓰기 쉽죠. adapt는 어떤 상황, 특히 새로운 상황에 '적응하다'라고 할 때 가장 먼저 떠올릴 단어입니다. 그래서 '내가 아직 새로운 상황에 적응하지 못했다'는 I haven't adapted to the situation yet.처럼 얘기하면 됩니다. 또, 우리가 흔히 '적응된다'처럼 '되다'를 붙여 말하기 때문에 수동태로 쓸 것 같지만, be adapted to라고 할 필요 없이 그냥 adapt to ~의 형태로만 기억하면 됩니다.

• 새로운 업무 환경에 적응하려면 시간이 더 걸릴 거다

It will take more time to adapt to the new work environment.

- 전학생들은 새 학교에 적응하는 데 시간이 필요한 법이다

Transfer students need time to adapt to their new school.

- adapt to의 목적어들

> 환경이나 변화: change, environment, surroundings주변환경에 적응하다

004 adjust

'바꾸다'를 모두 change로 표현하지 말고, adjust를 포함한 다양한 단어를 써 보자.

adjust는 무엇을 고친다는 뜻입니다. 보통 우리가 '고치다', '바꾸다'를 영어로 표현할 때, 기계적으로 change를 떠올리는 경우가 많아요. change도 맞지만, 무엇을 어떻게 바꾸는지에 따라 다양한 단어를 쓸 수 있습니다. 그 중 하나가 adjust죠. 예를 들어 화장을 고치는 것도 adjust라고 할 수 있습니다. 아래 adjust의 목적어로 올 수 있는 단어들을 참고하세요.

- 운전하면서 화장을 고치는 여성들을 가끔 보게 된다.

I sometimes see women adjusting their makeup while driving.

- 온수기의 온도를 어떻게 조절하는지 모르겠다.

I don't know how to adjust the temperature of this water heater.

- adjust의 목적어들

> 숫자로 표시될 수 있는 것들: angle각도를 조절하다, balance균형을 조절하다, dosage복용량을 조절하다, level, price, setting세팅값을 조절하다
> 몸에 걸치는 것: glasses안경을 고쳐 쓰다, tie넥타이 매무새를 다듬다

005 adopt
비슷하게 생긴 adapt와 구분해서 활용할 단어

앞서 설명한 adapt와 구분할 단어죠. adopt는 사실 두 가지 뜻만 알면 됩니다. 우선 '채택하다'입니다. 새로운 정책 등, 새로운 뭔가를 채택한다고 할 때, adopt가 유용합니다. 그 다음에 '입양하다'라는 뜻을 지닙니다. 그러니까 '입양하는 경우와 채택하는 경우에 adopt를 쓴다'라고 기억하면 adapt와 adopt를 헷갈릴 일이 없습니다.

- 암호화폐를 법정통화로 채택하는 나라들이 하나둘씩 생기고 있다.

Countries adopting cryptocurrency as a legal currency are emerging one by one.

- 사업을 계속하려는 기업은 새로운 표준을 채택해야 한다.

All companies are required to adopt the new standards, if they want to continue their business.

- adopt의 목적어들

> 해결방식이나 대책: approach접근방식을 택하다, measure대책을 택하다, method, plan, policy, procedure절차를 택하다, slogan슬로건을 택하다, strategy, tactic전술을 택하다
>
> 입장이나 관점: attitude태도를 지니다, point of view관점을 지니다, position, stance 입장을 택하다, standpoint입장을 택하다, viewpoint

006 advance
'발전하다'를 develop만으로 표현하지 말고, advance를 포함한 다양한 단어를 활용해 보자.

우리말 '개발', '발전'을 말할 때, develop이 먼저 떠오르죠. 물론 좋은 대안이 되는 단어지만 남용하는 경향이 있어요. '개발하다'도 '발전하다'도 모두 develop만 쓰는데, 특히 '발전'인 경우에는 앞으로 나아간다는 뜻인 advance도 대안이 됩니다. 예를 들어 과학기술이 발전한다고 할 때 develop 대신 advance로 표현해 보세요. 나중에 다시 설명하겠습니다만, 진화한다는 뜻을 지닌 evolve도 '발전'의 영어 대안이 될 수 있어요. '발전하다'라고 할 때 기계적으로 develop만 쓰지 말고 다른 대안들을 생각해 보기 바랍니다.

- 바이오 기술이 앞으로 더 어떻게 발전해 나갈지 흥미롭다.

It is interesting to see how the biotechnology will advance further in the future.

- 과학이 발달하면서 인간 본성에 대한 이해도 깊어졌는가?

Has our understanding of human nature advanced, as science develops?

- advance의 주어들

> 지식이나 기술: knowledge지식이 발달하다, technology, understanding이해가 발전하다
> 세상, 사회: world, society

007 advise
상대방에 대해 정중하게 명령할 때도 쓸 수 있는 단어

advise는 '조언하다'라는 뜻이지만, 정중하게 '~ 하세요'라고 말할 때도 유용합니다. You are advised to ~ 라고 하면, '~라는 조언을 들어야 합니다'라는 뜻이므로 결국 상대방에게 정중하게 명령하는 것이나 마찬가지인 문장이 됩니다. 특히 이메일에서, 상대방한테 어떻게 하라는 말을 정중히 표현해야 할 때 advise를 써보기 바랍니다.

- 우편으로 지원하실 때에는 등기로 보내기 바랍니다.

Please be advised that you should use registered mail when you apply by mail.

- 마스크를 쓰고 대중교통을 이용하십시오.

It is strongly advised that you wear a mask when you use public transportation.

- 그 도시의 서쪽 지방은 방문하지 말라는 충고를 들었다.

They advised me against visiting the west of the city.

008 affect

'영향을 미치다'를 영어로 말할 때 가장 먼저 떠올릴 단어

'영향을 미친다'라고 할 때 가장 먼저 떠올릴 단어가 affect입니다. 일단 affect부터 생각하고, 긍정적인 영향을 미치면 positively, 부정적인 영향을 미치면 negatively를 넣어 의미를 더 분명히 할 수 있죠. '영향을 주다'의 범용 단어는 affect라고 생각하면 되겠습니다.

- 비디오 게임이 청소년의 정신 건강에 긍정적인 영향을 미치기도 한다고 생각합니다.

We believe that video games also positively affect the mental health of adolescents.

- 중국이 금리를 올리는 것이 한국 주식 시장에 부정적인 영향을 미칠까요?

Will China's raising interest rate negatively affect the Korean stock market?

- affect의 주어들

ban금지가 영향을 미치다, change변화가 영향을 미치다, factor, issue, policy, restriction제한이 영향을 미치다

• **affect의 목적어들**

능력이나 성과: ability, business, health, performance실적에 영향을 미치다, productivity생산성에 영향을 미치다, quality
기후, 환경: climate, environment
결과나 상황: decision결정에 영향을 미치다, development, growth, outcome결과에 영향을 미치다, recovery, result, situation

009 afford
실행 가능하거나 비용을 감당한다는 뜻을 지니는 단어

매우 유용한 단어인데 우리가 자주 쓰지 못하는 경향이 있습니다. 보통 조동사 can과 함께 잘 등장하고, afford 다음에는 to 부정사를 씁니다. 그래서 I can afford to ~, I can't afford to ~와 같은 문형으로 '뭔가를 감당할 수 있다/없다'라는 의미를 표현합니다. 그런데 afford는 -able를 붙인 형용사형 affordable, 혹은 반대말 unaffordable의 형태로도 유용합니다. 조동사 can과 함께 쓰는 경우뿐 아니라, 형용사로 바꿔 쓰는 연습도 해 보길 바랍니다.

• 지금은 박사학위를 받기 위해 공부만 할 형편이 되지 않습니다.

I can't afford to just study to get my PhD now.

• 회사를 그만두고는 집세를 감당할 수가 없다.

After quitting my job, I can't afford the rent.

• **afford의 목적어들**

돈, 금액: cost비용을 감당하다, fee수수료를 감당하다, premium할증금을 감당하다,

rent, tuition등록금을 감당하다
여유나 기회: chance기회를 감당하다, luxury~라는 사치를 누리다, opportunity기회를 감당하다

010 agree
어떤 음식에 알레르기가 있다고 할 때 쓸 수 있는 단어

'동의하다'라는 뜻으로 익숙한 단어지만, agree는 '음식이 내게 맞지 않는다'라는 의미도 지닙니다. 어떤 음식에 대해 알레르기가 있다는 말을 be allergic to ~처럼 표현할 수 있지만, 어떤 음식이 '나랑 맞지 않는다'고 해도 되죠. 이 때 The food doesn't agree with me.처럼 표현할 수 있습니다. 음식 알레르기에 관해 얘기할 때 agree를 활용해 보기 바랍니다.

• 자신에게 맞지 않는 알레르기 유발물질을 섭취했을 때 알레르기 반응이 일어나 피부염 증상이 악화될 수 있다.

When you eat an allergen that doesn't agree with you, an allergic reaction may occur, and the symptoms of dermatitis may worsen.

• 찌개에 든 새우가 나와 맞지 않았다.

The shrimp in the stew didn't agree with me.

011 alter
'바꾸다'를 change로만 표현하지 말고 alter도 활용해 보자.

앞에서 '바꾸다'라고 할 때 change만 쓰지 말자고 했는데요, 또 하나의 대안이 alter입니다. 아래 콜로케이션 리스트를 보면 다양한 단어들이 목적어로 올 수 있는데, 특히 옷을 수선한다

고 할 때 유용합니다.

- 오래된 옷을 수선했더니 새 옷처럼 되었다.

I altered the old clothes, and it looked like new clothes.

- 이미지의 색깔과 해상도를 클릭 하나로 바꿀 수 있다.

You can alter the color and the resolution of the image with just one click.

- alter의 목적어들

> 모습: appearance외모를 바꾸다, shape, style
> 방향, 입장, 관점: behavior행동을 바꾸다, course, stance입장을 바꾸다, view
> 주어진 상황: environment, fate운명을 바꾸다, structure

012 appreciate

진정한 가치를 알고 느낀다고 할 때 쓸 수 있는 단어

학창시절에 appreciate를 처음 익힐 때, '감사하다'라는 뜻과 '감상하다'라는 뜻이 동시에 있어서, 서로 연관성이 없어 보이는 두 의미를 어떻게 한 단어가 지니는지 의아했던 기억이 있습니다. 지금 생각해보면 결국은 같은 의미에서 나온 거죠. appreciate은 어떤 것을 '깊이 있게 느끼거나 생각하다'라는 뜻입니다. 상대방이 보여준 호의의 가치를 깊이 느끼면 감사하는 게 되고, 예술작품의 가치를 깊이 느낀다면 감상하는 게 되겠죠. 이렇게 기본 의미를 생각해보면 appreciate의 다양한 뜻을 쉽게 이해할 수 있습니다. 어떤 것의 가치를 깊게 느끼는 경우에 appreciate을 쓴다고 보면 되겠습니다.

- 그 영화의 특수 효과를 제대로 감상하려면 아이맥스 영화관에 가야 한다.

To fully appreciate the special effects of the movie, you need to go to an IMAX theater.

- 이 직장에서는 내 능력이 인정받는 것 같아 좋다.

My abilities seem to be fully appreciated by this company. I like it.

- appreciate의 목적어들

> **예술:** art예술을 감상하다, beauty, music
> **업무나 능력:** ability능력을 인정하다, effort노력을 제대로 인정하다, work업무를 제대로 평가하다
> **중요성, 가치:** contribution기여에 감사하다, importance중요성을 제대로 알다, nuance 어감을 제대로 느끼다, subtlety미묘한 차이를 제대로 느끼다, value가치를 제대로 알다

013 approach
'제안'을 위해 다가간다고 할 때 쓸 수 있는 단어

요즘은 '어프로치'라는 외래어도 많이 쓰기 때문에, 문제를 해결하는 정책이나 방법 같은 것을 의미하는 명사 approach도 익숙합니다만, 원래 approach는 사람에게 다가간다는 뜻을 지닙니다. 예를 들어 '낯선 사람이 내게 다가왔다', 이런 얘기를 할 때 I was approached by ~처럼 표현할 수 있어요. '어떤 사람에게 다가간다,' '어떤 사람이 내게 와서 어떤 제안을 했다'와 같은 말을 할 때 동사 approach를 유용하게 쓸 수 있습니다.

- 나는 별로 관심이 없었는데, 그가 먼저 다가와 솔깃한 제안을 했다.

I wasn't very interested, but he approached me first and made a tempting offer.

- 그녀에게 직접적으로 다가가는 게 낫다.

It's best to approach her directly.

014 arrange

우리말 한 단어로 번역하기 힘들지만, 어떤 '처리'나 '준비'를 해 놓는다고 할 때 쓸 수 있는 범용 단어

arrange의 기본 의미는 '배열하다'이죠. 행사장에서 의자를 배열하는 경우처럼 사물을 배열하는 것을 얘기할 때 쓸 수 있지만, 배열하듯 뭔가를 준비하고 처리해 놓은 것을 arrange라고 얘기할 수도 있어요. 후자의 의미인 arrange는 우리말로 속 시원히 번역이 안 되죠. '처리하다', '해결하다', '준비하다' 정도로 문맥에 맞게 이해하면 됩니다. 명사형인 arrangement도 마찬가지여서, '처리', '해결', '준비' 등으로 자연스레 번역하면 됩니다. 우리말 한 단어로 번역하기 힘들지만 쓰임이 매우 넓은 단어이니, 다양하게 활용해 보기 바랍니다. 아래 arrange의 목적어들에 주목하세요.

● 정해진 날짜에 월세가 빠져나갈 수 있게 처리해 놓았다.

I arranged that the monthly rent can be withdrawn on a set date.

● 인력이 부족할 경우 다른 팀에서 지원을 받을 수 있도록 했다.

I arranged for other teams to support us if there is a shortage of manpower.

● arrange의 목적어들

> **약속, 계획:** appointment약속을 잡다, program프로그램을 준비하다, schedule스케줄을 정하다
> **이벤트:** briefing브리핑을 잡아 놓다, interview인터뷰를 잡다, meeting회의를 잡아 놓다, press conference기자회견을 잡아 두다, tour여행을 준비하다, trip, visit방문을 잡아 놓다

015 aspire
성공을 꿈꾸는 예술가나 연예인을 표현할 때 유용한 단어

aspire는 desire와 비슷하지만, 좀 야심차게 무엇이 되기를 갈망하는 태도를 묘사할 때 잘 등장합니다. 그러니까 그냥 평범한 욕망을 표현하는 동사가 아니고, '성공하고 싶고 유명해지고 싶다'는 태도를 표현할 때 적절한 단어죠. aspire에 ing를 붙여 aspiring이라고 하면 야심이 있고 성공하려는 욕구가 강한 사람을 묘사하는 단어가 됩니다. 예를 들어 aspiring actress는 유명해지고 싶은 여배우를 가리킵니다. 아래 aspire의 주어들에서 볼 수 있듯, 성공을 꿈꾸는 예술가나 연예인을 표현할 때 유용한 단어입니다.

- 베스트셀러 작가가 되고 싶은 열망이 큰지라, 그는 뭐든 할 기세였다.

As an aspiring bestselling author, he was ready to do anything.

- 준우승에 머물지 않고 우승할 것을 열망하고 있습니다.

We aspire to become a winner, not just a runner-up.

- aspire의 주어들

> **예술가, 연예인:** actor배우가 ~을 꿈꾸다, actress, artist예술가, musician, novelist소설가, singer, writer

016 assess
'평가하다'라는 뜻으로 쓰이는 대표적인 단어

'평가하다'라는 의미로 기억할 단어가 두 개 있는데 evaluate과 assess입니다. 딱딱한 느낌의 단어들이지만, 특히 업무 관련해서 뭔가를 평가한다고 할 때 유용합니다.

• 그는 세계화가 저개발국에 미치는 영향을 평가하는 책을 썼다.

He wrote a book that assesses the impact of globalization on underdeveloped countries.

• 영업사원들은 무엇보다 영업 실적에 따라 평가를 받는다.

Salespeople are assessed primarily by their sales performance.

• **assess의 목적어들**

> **능력:** ability, competence능력을 평가하다, performance성과를 평가하다, progress 잘 진행되는지 평가하다
> **가능성, 기회:** chance, feasibility실현 가능성을 평가하다, likelihood가능성을 평가하다, probability
> **중요성, 영향:** consequence결과를 평가하다, damage, efficiency효율을 평가하다, extent정도/범위를 평가하다, effect, impact, importance, influence영향을 평가하다, injury상해를 평가하다, level, magnitude강도를 평가하다, need, quality, relevance 관련성을 평가하다, risk, role, severity심각성을 평가하다, significance중요성을 평가하다, utility, usefulness, validity유효성을 평가하다
> **조건, 상황:** condition, situation

017 associate
'연결'보다는 '연상'에 가까운 어감을 지닌 동사

뭔가와 관련되어 있다고 할 때 쓸 수 있는 동사는 다양하죠. connect, link 등을 우선 떠올릴 수 있습니다. associate도 그 중 하나인데, associate은 우리말 '연상'에 가까운 단어입니다. A와 B가 서로 관련이 있다면 A is associated with B라고 할 수 있지만, 일반적인 '관련'보다는, 'A를 보면 B가 연상이 된다'처럼 우리말 '연상'을 표현할 때 associate을 활용하면 적절합니다.

• 소비자들은 그 브랜드를 보면 비싼 가격을 연상하게 된다.

Consumers associate the brand name with high price.

- 페인트 냄새를 맡으면 초등학교 때 이사 갔던 집이 생각난다.

I always associate the smell of paint with the house I moved into when I was an elementary school student.

018 assume

'생각하다'를 think만으로 표현할 수 있는 건 아니다. 추정하거나 추측한다는 의미라면 assume이 적절하다.

'~라고 생각하다'라고 할 때 매번 I think ~만 쓸 필요는 없어요. 좀 더 세세한 뉘앙스를 표현하는 다양한 동사들이 있는데, '추정'이나 '추측'을 하는 경우에는 assume도 잘 어울립니다. think 대신 assume 혹은 나중에 설명할 presume을 활용해서 '~라고 생각합니다'라는 의미를 전달해 보기 바랍니다.

- 경찰과 소방당국은 발화지점이 거실 난로인 것으로 추정하고 있다.

Police and fire departments are assuming that the ignition point was the fireplace in the living room.

- 당국은 농작물 피해액이 3억 원을 넘을 것으로 추정했다.

Authorities assumed that the damage to crops could exceed 300 million won.

- 나는 당연히 네가 그 사건에 대해 알고 있으리라 생각했어.

I automatically assumed that you knew about the incident.

019 attach
물리적인 접착뿐 아니라 정서적 애착이나 '정'을 표현할 때도 유용한 동사

attach는 뭔가를 붙인다는 뜻이에요. 물리적으로 접착하는 경우뿐 아니라 정서적인 애착을 표현할 때도 쓸 수 있습니다. be attached to ~라고 하면 '~에 애착이 있다'는 뜻이 됩니다. 그래서 우리말 '~에 정을 느낀다'를 영어로 표현할 때, be emotionally attached to ~가 하나의 대안이 될 수도 있어요. attach를 정서적 유대감이나 애착을 표현할 때 써 보기 바랍니다.

- 이 도시에 정이 들어서 떠나고 싶지 않네.

I've grown very attached to this city and don't want to leave.

- 어떤 순간은 우리가 그 순간에 느꼈던 감정 때문에 특히 기억에 남는다.

Certain moments become especially memorable because of the emotions we attach to them.

- attach의 목적어들

> 의미, 중요성: importance중요성을 부여하다, meaning의미를 부여하다, significance중요성을 부여하다, status지위를 부여하다, value가치를 부여하다

020 attend
attend to ~는 주의를 기울이거나 일을 처리한다는 뜻이다.

attend는 '출석을 하다'라는 뜻인데, 전치사 to와 함께 쓰면 '~에 주의를 기울이다', '~을 처리한다'는 의미가 되죠. 우리가 잘 아는 '주목', '주의'를 뜻하는 attention이 주의를 기울인다는 의미의 attend에서 나온 단어입니다. attend는 un을 붙여 반대말 unattended의 형태로

도 잘 쓰입니다. Don't leave your child unattended.라고 하면 '주의를 기울이지 않은 상태로 아이를 두어서는 안 된다'라는 의미가 되죠. 동사 표현 attend to와 형용사처럼 쓰이는 unattended의 의미 모두 기억하기 바랍니다.

- 학교에서 화재가 났는데 학생들이 돌보는 사람 없이 그냥 방치되었다는 보도가 있었다.

Students were reportedly left unattended during a school fire.

- 처리할 일이 있어서 오늘 반차 휴가를 내기로 했다.

I am going to take the afternoon off because I have things to attend to.

- **attend to의 목적어들**

> 일, 중요함: business일을 처리하다, matter, thing
> 수요, 필요함: demand수요에 대응하다, need필요에 대처하다

021 beat
'능가하다'라는 뜻도 있고, 속어로 더 다양한 의미도 지니는 동사

beat는 '때리다'가 기본 뜻이지만, '이기다' '능가하다'라는 의미로도 많이 쓰입니다. 이렇게 쉬운 단어일수록 속어로 쓰이는 경우도 많죠. 예를 들어, Beats me.라고 하면 '모르겠다'라는 뜻이 됩니다. '그것이 나를 이긴다', 그러니까 내가 그것에 대해서 자세히 모르겠다는 의미이죠. beat의 다양한 의미를 기억하기 바랍니다.

- 가성비로는 ABC사의 노트북 만한 것이 없다.

You can't beat ABC Electronics' laptop for a great value for money.

- 더운 여름날에는 얼음 든 콜라가 최고다.

Nothing beats a cup of coke with ice on a hot summer day.

- 이기거나 능가한다는 뜻인 beat의 목적어들

> **질병:** cancer암을 극복하다
> **경쟁 상대:** challenger도전자를 이기다, champion, opponent상대에게 승리하다, rival, team
> **시스템:** system시스템을 무력화하거나 우회하다
> **예상:** expectation예상을 능가하다

022 behave

단순히 '행동하다'가 아니라 '올바르게 행동하다', '적절한 행동을 하다'라는 뜻으로 쓰이는 동사

behave는 '행동하다'라는 의미인데, 동사 behave만 썼을 때 '올바른 행동을 하다'라는 뜻도 돼요. He doesn't know how to behave.라고 하면 '그는 어떻게 행동하는 게 올바른지 모른다'는 말이 되죠. 그냥 '행동하다'와는 다른 behave의 의미를 기억하기 바랍니다.

- 그 사람은 회사에서 어떻게 행동해야 하는지 잘 모르는 것 같다.

He doesn't know how to behave at the office.

- 부모님으로부터 삼촌댁에 머무는 동안 행실을 바르게 하라는 엄한 명령을 받았다.

I was under strict orders from my parents to behave myself while I was staying in my uncle's house.

023 better

동사로도 쓰이며, 이 때는 '개선하다', '더 좋게 만들다'라는 의미가 된다.

영어는 품사 변화가 자유롭습니다. 형용사나 명사가 동사로 쓰이는 경우가 많죠. better도 그런 예입니다. '개선하다'라는 뜻을 지니기 때문에, better myself라고 하면 자신의 처지를 개선한다는 말이 되고, 명사형 betterment는 '더 나은 처지나 상황'이라는 뜻입니다. 아주 쉬운 쓰임은 아니고, 약간 멋부린 표현입니다.

- 통역을 대동하여 선수들과 대화를 해야 하는 상황을 개선하고자 영어 공부를 시작하게 되었다.

I started studying English to better my situation of having to talk to the players with an interpreter.

- 풀타임으로 일하면서도, 나 자신을 더 발전시키기 위해 야간학교에 등록했다.

Working full time, I enrolled in a night school to better myself.

- better의 목적어들

> **자신:** oneself 자신의 처지를 개선하다
> **상황:** condition, situation
> **프로그램:** program

024 blame

비판하거나 꾸중한다는 의미로 쓰지 않도록 주의해야 한다. 또, blame이 들어가는 다양한 문형도 기억해야 한다.

blame은 일단 의미를 정확히 알아 둘 필요가 있고, 문형에도 주목해야 합니다. 우선, blame

은 criticize와 의미가 달라요. criticize는 '비판하다'라는 뜻이고, blame은 '누구 탓이다'라는 뜻이에요. 어떤 문제에 대해 누구를 비판한다고 해서 꼭 그 사람 탓이라고 생각하는 건 아니죠. 예를 들어 My boss criticized me.는 사장님이 나를 꾸중한 것이지만, My boss blamed me.는 잘못된 어떤 일에 대해 사장님이 내 탓이라고 했다는 뜻입니다. criticize라고 해야 할 때 blame을 잘못 쓰지 않도록 주의해야 합니다. 다음으로 blame의 문형이 중요합니다. 'blame 누구 for 무엇', 이런 식으로 전치사 for 와 함께 쓰거나, 아니면 'blame 무엇 on 누구' 이렇게 전치사 on과도 쓸 수 있어요. '누구'와 '무엇'의 위치에 주의하기 바랍니다. 그리고 많이 놓치는 문형에 be to blame이 있죠. be 동사 다음에 to 부정사 blame을 쓰는 겁니다. He is to blame.은 그의 잘못이라는 뜻이 되죠..

- **부동산 급등의 원인은 공급 부족 탓이라고 그는 말한다.**

He says that lack of supply is to blame for the surge in real estate price.

- **존은 아직도 어머니가 돌아가신 것이 자기 때문이라고 생각한다.**

John still blames himself for his mother's death.

- **blame의 목적어들**

> failure실패가 ~때문이라고 하다, media언론을 탓하다, problem문제가 ~때문이라고 하다, system시스템을 탓하다, victim희생자를 탓하다

025 bond

물리적으로 접착한다는 뜻을 지니지만, 정서적 유대나 가까움을 표현할 때도 잘 쓰이는 동사

bond는 동사로 '붙이다'라는 뜻을 지니고, 명사로 쓰이면 정서적인 유대를 말합니다. 명사 bond에 '접착제'라는 뜻은 없으니 주의해야 합니다. 애완동물과 정서적인 유대를 형성하거나 집단의 구성원끼리 가까운 경우 동사 bond를 활용할 수 있죠. 누구와 끈끈한 사이라고 말할 때 유용합니다.

- 그는 의붓아들과 친해지기 위해 많은 시간을 보냈다.

He spent a lot of time together to bond with his stepson.

- 입양한 반려견과 유대감을 형성하는 데 한 달도 걸리지 않았다.

It didn't take longer than one month for me to bond with my new adopted dog.

026 boost
좋게 만들거나 향상시킨다고 할 때 improve를 대체할 수 있는 동사

뭔가를 향상시키거나 더 좋게 만든다고 할 때 boost를 쓸 수 있습니다. '개선하다'라는 뜻으로 improve를 우선 떠올리게 되는데, boost도 같은 뜻으로 쓰인다고 보면 됩니다.

- 그녀가 영화계에서 유명해지는 데 그 영화가 도움이 되었다.

The movie helped boost her screen career.

- 의대에 합격한 것이 그의 자존감을 크게 높였다.

Getting admitted to medical school did a lot to boost his ego.

- boost의 목적어들

능력, 자신감: career커리어를 발전시키다, chance가능성을 높이다, confidence더 확신하게 만들다, ego자부심을 높이다, energy, image이미지를 좋게 만들다, morale사기를 높이다, performance성과를 더 내게 하다, prestige명성을 높이다, profile더 주목을 받게 만들다, value

숫자로 표시되는 각종 지표: consumption소비를 늘리다, demand, earnings이익을 증대시키다, economy경제상황을 좋게 만들다, efficiency, employment고용을 늘리다, export, growth, import, income, level, popularity, productivity, profit, revenue매출을 증대시키다, sale, spending

신체능력, 기분: circulation순환을 촉진하다, immunity면역력을 높이다, mood기분을

좋게 하다, strength

027 build

우리말 '쌓다'처럼 물리적인 것과 추상적인 것에 모두 활용할 수 있다. 커리어, 인간관계, 신뢰 등을 쌓는 것도 모두 build라고 한다.

build는 '건설한다'라는 뜻으로 익숙합니다. 이 단어는 물리적인 건설뿐 아니라 추상적인 것, 그러니까 인간관계나 신뢰관계처럼 눈에 보이지 않는 것을 굳건히 세운다고 할 때도 쓸 수 있습니다. 아래 build의 목적어로 올 수 있는 단어들을 확인하기 바랍니다.

- 지금 하는 일이 금전적으로도 도움이 되고, 커리어를 쌓는 데에도 많은 도움을 줄 것 같다.

What I am doing now is financially rewarding and will help me a lot in building my career.

- 모두가 더 나은 삶을 살 수 있도록 힘을 합칩시다.

Let's unite to build a better life for everyone!

- build의 목적어들

관계: alliance연합을 구축하다, friendship, partnership, relationship
일, 비즈니스: business, career커리어를 쌓다, framework틀을 만들다
명성, 모습, 이미지: character캐릭터를 구축하다, confidence확신을 갖다, esteem존경을 받다, foundation, identity정체성을 형성하다, image이미지를 구축하다, model, reputation명성을 쌓다
언어, 생각: consensus의견 일치를 보다, vocabulary

028 **burn**

실제로 태우는 것을 말할 뿐 아니라, 에너지가 소진된 느낌을 표현할 때도 잘 등장하는 단어

burn은 '태우다'라는 뜻인데, 우리말 '태우다'보다 다양한 단어가 목적어로 올 수 있습니다. 예를 들어, 살을 빼는 과정에서 지방을 없애는 것을 burn the fat이라고 표현합니다. 그 영향인지 요즘 우리도 '지방을 연소 시킨다'라고 말하기는 하죠. 요새 번아웃(burnout)이라는 외래어도 많이 쓰기 때문에 burn out도 익숙합니다. 에너지가 떨어지고 소진되는 것 같은 그런 느낌을 얘기할 때도 burn을 활용할 수 있는 셈이죠. 실제로 불을 내서 태우는 것 이외의 경우에 어떻게 쓰는지 주목하면 되겠습니다.

- **계단을 이용하거나 빨리 걷는 것도 칼로리를 소진시키는 아주 좋은 방법이다.**

Taking stairs or taking a brisk walk is a great way to burn calories.

- **열심히 일하면서도 번아웃되지 않는 방법을 알려드리겠습니다.**

Let me tell you how to work hard and not burn yourself out.

029 **buy**

'구입하다'라는 뜻 이외에, 특히 구어에서 '믿다', '받아들인다'라는 뜻으로 잘 쓰이는 단어

buy는 '구입하다'라는 뜻으로 익숙한데, 어떤 것을 신뢰하거나 받아들인다는 의미도 지닙니다. 그래서 I don't buy that.이라고 얘기하면 '그 말을 못 믿겠다'라는 뜻이고, buy into ~라고 하면 '어떤 것을 믿고 받아들인다'라는 의미입니다. buy만 쓰기도 하고 buy into의 형태로도 활용하는 거죠. 구어적인 표현이라 격식을 차려야 하는 상황에서는 쓰지 않는 게 좋지만, buy를 '믿다'라는 의미로도 기억하기 바랍니다.

- **네가 아파서 늦었다고 말할 수도 있겠지만 그들이 믿지는 않을 거야.**

You could say you were late because you were ill, but I don't think they'd buy it.

- 나는 좋은 선수가 좋은 지도자가 된다는 생각을 믿지 않는다.

I don't buy into the idea that good players will become good coaches.

030 carry

'운반하다'라는 뜻으로 익숙하지만, '가장 중요한 역할을 담당한다', '핵심적인 역할을 한다'라는 뜻으로도 쓰이는 단어

carry는 '운반하다'가 기본 뜻입니다. 그런데 요새 쓰는 '하드캐리한다'라는 말과 비슷하게 '어떤 것을 성공으로 이끈다', '가장 중요한 부분을 담당한다'라는 의미도 지닙니다. 예를 들어 These people carried the day.처럼 표현하면, '이 사람들이 그날 가장 중요한 역할을 담당했다'라는 뜻이죠. '하드캐리(hard carry)'는 잘못된 영어 표현이지만, carry에는 그와 비슷한 의미가 있습니다.

- 그가 아카데미상을 수상한 것도 대단하지만 그 날의 행사를 이끈 것은 통역사였다.

His winning the Oscar was great, but it was also the interpreter who carried the day.

- 제인의 주장이 미팅을 주도했다.

It was Jane's arguments that carried the meeting.

- 2분짜리 연설이었지만 관객을 설득하기에 충분한 힘이 있었다.

His two-minute speech was powerful enough to carry the audience.

031 chair

동사로 '의장 역할을 하다'라는 의미를 지닌다.

앞에서 영어는 품사 변화가 다양하고 명사가 동사로 바뀌는 일이 흔하다고 설명했는데요, chair도 한 예입니다. chair는 '의장 역할을 하다'라는 의미도 지닙니다. 그래서 어떤 모임이나 회의 같은 데서 의장 역할을 수행할 때 chair the conference/meeting처럼 표현할 수 있습니다.

- 오늘 회의는 김교수께서 주재해 주시겠습니다.

Today's meeting will be chaired by Professor Kim.

- 마이클이 의회 청문회 의장을 맡았다.

Michael chaired the Congressional hearings.

- chair의 목적어들

> 회의나 위원회: commission위원회의 의장이 되다, committee, meeting, panel

032 challenge

challenge oneself라고 하면, 내 스스로 새로운 과제나 업무를 수행해 본다는 의미가 된다.

challenge는 '도전하다'라는 동사 뜻도 지니죠. challenge 다음에 사람을 쓰면 그 사람에게 도전을 한다는 뜻이므로, I challenged him.은 '그에게 도전을 했다'가 되겠죠. 무엇으로 도전을 했는지는 전치사 with 뒤에 넣으면 됩니다. 예를 들어 I challenged him with chess.는 체스로 도전을 했다는 뜻입니다. 그 문형을 그대로 활용하여, I challenge myself with ~ 라고 하면 '나에게 도전하다', 즉 내가 어려운 일을 해본다는 뜻이 됩니다. 예를 들어 I like challenging myself with new things.은 '새로운 일을 해 보는 것을 좋아한다' 정도 의미가 되죠. 이 표현은 우리말 '노력하다'에 대한 근사한 대안이 될 수 있습니다. 앞으로 더 설명하겠습니다만, 우리말 '노력하다'를 영어로 표현할 때 try나 make an effort만 쓰는 경향이 있는데, challenge를 써보는 것도 좋습니다.

• 예전에 해본 적 없는 새로운 일에 도전하는 걸 좋아합니다.

I love trying to challenge myself with new things that I haven't done before.

• 내가 그만둔 이유는 새로운 직업에 도전하기 위해서였다.

Why I quit was to challenge myself with a new job.

• challenge의 목적어들

> 믿음, 생각: assumption가정에 도전하다, belief, claim, conception, dogma독단에 도전하다, finding, idea, logic, myth신화에 도전하다, notion, stereotype고정관념에 도전하다, theory, view
> 결정, 한계: decision, limit
> 권위, 관습: authority권위에 도전하다, convention관습에 도전하다, dominance지배에 도전하다, establishment기득권에 도전하다, norm규범에 도전하다, practice, tradition

033 charge

서로 연관성이 없어 보이는 다양한 뜻을 지니는 단어. 특히 '비용을 청구한다'라는 의미로 활용할 수 있다.

영어를 공부하다 보면 '한 단어가 어떻게 이렇게 다양한 뜻을 지닐 수 있을까'라는 생각을 해 보게 되는데요, 그 대표적인 예가 charge입니다. charge는 일단 '돌진하다'라는 뜻이 있어요. 그래서 charging bull은 앞으로 돌진하는 황소를 말합니다. 또, 비용을 청구한다는 뜻으로 상당히 유용합니다. '얼마를 청구한다', '서비스를 제공하고 얼마를 받는다', '비용이 얼마다'와 같은 얘기를 할 때 price나 fee와 같은 단어를 넣지 않고도 I charge fifty thousand won per hour(시간 당 5만원 입니다).처럼 표현할 수 있죠. 그리고 법률 용어 '기소하다', 그 명사형 '혐의'도 있습니다. on charges of ~라고 하면 '~ 혐의로' 라는 뜻입니다.

- AS센터에서 내가 생각한 것보다 너무 많은 액수를 청구했다.

The service center charged me more than I thought.

- 그는 살인죄로 기소되었다.

He was charged with murder.

- 코뿔소가 지프로 돌진해서 지프를 뒤집어 버렸다.

A rhino charged towards a jeep and overturned it.

- 위원회의 임무는 전쟁 시기 군에 의해 저질러진 만행을 조사하는 것이다.

The commission is charged with investigating war-time atrocities by the military.

034 chart

동사 chart는 course와 함께 쓸 때 '방향을 설정하다'라는 뜻을 지닌 근사한 표현이 된다.

동사 chart가 명사 course와 함께 쓰일 때의 의미를 기억할 필요가 있습니다. chart the course라고 하면 '어떤 길인지 차트에 표시한다', 즉 '방향을 설정한다', '어떤 방향으로 나아갈지를 보여준다'라는 뜻이 됩니다. 방향을 결정한다고 할 때 쓸 수 있는 근사한 표현이죠. 그리고 '미지의 세계'를 말할 때 쓰는 uncharted territory라는 표현이 있습니다. 옛날에 항해할 때 차트(chart)에 해로를 표시하던 데서 유래한 표현이죠. 우리에게 익숙한 외래어 '차트'

말고, chart the course, uncharted territory를 기억하기 바랍니다. 모두 항해에서 유래한 표현들이죠.

- CEO는 회사를 성공으로 이끌 길을 제시해야 하는 책임이 있다.

The CEO has a responsibility to chart the course for the success of the company.

- 유전 공학의 새로운 길을 연 로버트 존슨이 89세를 일기로 사망했습니다.

Robert Johnson, who charted a new course of genetic engineering, died at 89.

- chart의 목적어들

> 길이나 여정: course, journey, path, progress 발전하는 길을 제시하다

035 claim

'주장하다'에 해당하는 영어 단어도 여럿인데, 의미 차이를 기억해 둘 필요가 있다.

'클레임을 걸다'라는 의미로 익숙한 claim은 '요구하다'라는 의미와 함께 '주장하다'라는 뜻도 지니죠. '주장하다'에 해당하는 영어 동사도 다양한데, 가장 쉬운 대안은 say입니다. '주장하다'라고 해서 매번 argue, claim, maintain이라고 표현할 필요는 없어요. '주장'도 결국은 얘기한 것이므로 say가 적당한 경우도 많습니다. '주장하다'라는 의미로 claim을 쓸 때는, 증명되지 않았지만 자신의 생각이 사실이라고 믿고 말한다는 어감을 지닙니다.

- 그 회사는 자사 상품이 친환경적이라는 거짓 주장을 했다.

The company falsely claimed that its products were environmentally friendly.

- 그는 자신에게 공정한 기회가 주어지지 않았다고 주장한다.

He claims (that) he was not given a fair opportunity.

036 clear

'깨끗하게 하다'라는 기본 뜻에서 파생되어, '누명을 벗겨 주다'라는 의미를 지닌다.

clear는 기본 의미가 '깨끗하게 하다'이기 때문에, 비유적으로 어떤 혐의를 벗거나 누명을 없앤다는 뜻으로도 쓰입니다. 이 경우 'clear 사람 of 혐의'와 같은 문형이 기본이고, He was cleared of all charges(그는 모든 혐의를 벗었다).처럼 수동형으로도 활용됩니다. 또, 아래 예문에서 보듯 clear one's name은 결백을 입증한다는 의미이죠.

• 그녀는 모든 혐의를 벗었다.

She was cleared of all charges against her.

• 결백을 증명하려는 수년에 걸친 법정 싸움은 그의 승리로 끝났다.

His years of legal battle to clear his name ended in his victory.

037 combine

combine은 여러 개를 합한다는 뜻인데, 여러 요인이 합해져 무언가의 원인이 된다는 의미로 쓰인다.

combine은 여러 개를 합한다는 뜻인데, '~이 합해져 어떤 결과를 낳았다', 즉 원인이 여럿이라고 말할 때 유용합니다. A combined with B, 이렇게 말하면, 'A와 B가 모두 원인이 되어'라는 뜻이죠. 아래 예문을 참고하기 바랍니다.

• 심리치료와 병행하면 그 약의 효과가 매우 좋다.

When combined with psychotherapy, the pills work wonders.

• 여러 요인이 합해져서 우리 계획을 망쳤다.

Several factors combined to ruin our plans.

• combine의 목적어들

> **노력이나 힘:** effort힘을 합해 노력하다, force힘을 합하다, skill
> **물리적인 것:** element, ingredient요소를 합하다, resource

038 commit

뭔가에 깊이 마음을 두거나 뭔가를 성실히 한다고 할 때 쓸 수 있는 단어다. 우리말로 속 시원히 번역하기 힘들지만, 영어에서는 쓰임이 매우 빈번하다.

commit a crime은 '범죄를 저지르다'라는 뜻이죠. 이 뜻 이외에, '약속', '헌신', '성실' 등을 표현하는 동사 commit의 쓰임도 매우 유용합니다. 그 명사형인 commitment는 우리말 한 단어로 속시원히 번역하기 힘드니, 문맥에 맞게 이해하는 게 좋습니다. 또, commit을 어떤 문형으로 쓸 것인지도 중요합니다. commit은 be committed to처럼 수동형으로 잘 쓰입니다. 수동형으로 쓰인다는 말은, 내 자신을 목적어로, 즉 재귀대명사와 함께 쓰인다는 말도 되죠. 그래서 commit oneself to처럼 활용할 수도 있습니다. 여기서 to는 전치사이므로 to 다음에는 -ing 형태가 옵니다. '전념하다', '~하려고 약속을 하다', '성실히 ~을 할 거다'처럼 말할 때 be committed to, 혹은 commit oneself to를 활용해 보기 바랍니다.

• 대통령은 연금 제도 개혁에 의지가 굳다.

The president is committed to reforming the pension system.

• 양측 모두 합의에 의해 분쟁을 해결하겠다고 약속했다.

Both sides committed themselves to settling the dispute out of court.

039 compare

그냥 '비교하다'라는 뜻으로 기억하면 되는 단어

학창시절에 혹시 compare to는 '비유하다'고 compare with는 '비교하다'라고 배웠다면, 그 지식은 그냥 잊어버리면 됩니다. compare는 둘 사이의 유사성을 따진다는 뜻이고, '비교하다'로 번역할지 '비유하다'로 번역할지는 문맥으로 결정하면 됩니다. 또, compared to는 하나의 전치사구처럼 '~와 비교하면'이라는 뜻으로 쓰입니다. 아래 예문을 참고하세요.

- 작년에 비해 그 회사의 수익이 크게 증가했다.

Compared to last year, the company's earnings rose sharply.

- 평론가들은 그의 작품을 피카소의 작품에 빗대었다.

Critics compared his work to that of Picasso.

- 대니엘의 문체는 헤밍웨이의 문체에 비견되곤 했다.

Daniel's style of writing has been compared to Hemingway's.

040 complain

환자가 불편함을 호소한다고 할 때 쓸 수 있는 단어

complain은 불평을 제기한다는 뜻이죠. 문맥에 따라 '호소하다'의 대안이 되기도 합니다. 특히 의료와 관련된 맥락에서 부작용이나 고통을 호소하는 것은 complain이라고 표현할 수 있죠.

- 그 약을 먹은 많은 환자들이 졸음을 호소했다.

Many patients complained of drowsiness after taking the pill.

• 만성피로를 호소하는 환자들이 늘고 있다.

The number of patients who complain of feeling constantly fatigued is increasing.

041 conduct

연구를 하다, 리서치를 하다, 여론조사를 하다 등에서 우리말 '하다'의 대안으로 우선 떠올려 볼 단어다.

무엇을 '하다'라고 할 때 그 '하다' 부분을 do로 표현해도 자연스러운 경우가 있고, 어색한 경우가 있습니다. 예를 들어 do a research, do a homework는 각각 '리서치를 하다' '숙제하다'라는 뜻이 되어 자연스럽죠. 그런데 do 대신, 우리말 '~하다'는 conduct로 표현할 수도 있습니다. 연구를 하거나 여론조사를 하는 경우, conduct a research, conduct a survey라고 해도 자연스럽죠. do보다 좀 더 격식을 차려 얘기하는 방식입니다. '~을 하다'를 do로 옮겼을 때 너무 쉬운 표현처럼 들린다면 conduct를 대안으로 생각해보기 바랍니다.

• 1000명의 미국인을 대상으로 조사한 결과 조지 워싱턴이 가장 존경받는 역대 대통령으로 선정되었다.

According to a survey conducted of 1,000 Americans, George Washington was chosen as the most admired president of all time.

• 그는 동물 실험에 완강히 반대한다.

He is adamantly against conducting experiments on animals.

• conduct의 목적어들

조사, 연구: analysis분석을 하다, assessment평가를 하다, evaluation, examination

검사를 하다, experiment실험을 하다, inspection조사를 하다, investigation, poll여론조사를 하다, research, review, survey조사를 하다
업무, 사업, 활동: activity활동을 하다, business사업을 하다, campaign캠페인을 하다, ceremony의식을 거행하다, rehearsal, test, trial재판을 하다

042 confirm

회사에서 윗사람에게 결재를 받는다는 뜻으로는 잘 쓰이지 않고, 무언가를 확인한다는 의미로 활용되는 단어다.

직장에서 윗사람한테 결재를 받을 때, 흔히 '컨펌 받는다'라고 하는데, 사실 confirm은 그런 의미로 잘 쓰이지 않습니다. confirm은 뭔가를 확인하고 확실하게 한다는 의미입니다. '결재'는 구동사 sign off로 표현하는 게 자연스럽죠. 예를 들어 '보고서에 사장님 결재가 필요하다'는 The CEO need to sign off on the report.라고 하거나 명사형 sign-off를 활용하여 We need the CEO's sign-off on the report.처럼 표현할 수 있습니다.

- 그곳에서 발견된 화석은 그 장소가 1만5천년 전에는 바다였다는 것을 보여준다.

Fossils found there confirm that the place was the ocean 15,000 years ago.

- 증인의 진술은 새로운 증거에 의해 확인되었습니다.

The witness's statement has been confirmed by the new evidence.

- confirm의 목적어들

일정: appointment약속을 확정하다, flight비행기편을 확정하다
정확성: accuracy정확함을 확인하다, correctness, detail세부내용을 확인하다
주장, 생각: allegation주장이 사실임을 확인하다, belief, conclusion, diagnosis진단을 확정하다, finding, hunch예감이 맞았음을 확인하다, hypothesis가설을 확증하다,

judgement, news, prediction, result, rumor소문이 사실임을 확인하다, speculation 추측이 사실임을 확인하다, theory이론을 확증하다, suspicion의혹이 사실임을 확인하다

043 confront

'정면 돌파'를 영어로 표현할 때 confront를 떠올리면 된다.

confront는 '정면 돌파하다'를 영어로 표현할 때 유용합니다. 같이 기억할 부사가 head on 이죠. head on이니까 머리부터 들이미는 모습을 생각하면 됩니다. 그래서 confront the situation head on이라고 하면 상황을 회피하지 않고 (머리부터 들이밀며) 정면으로 맞선다는 뜻입니다.

• 우리나라 정부 관료들도 비슷한 딜레마에 직면해 있다.

The same dilemma confronts our government officials.

• 그는 문제들을 정면 돌파할 생각이다.

He is willing to confront problems head-on.

• confront의 목적어들

부정적인 정서: emotion어떤 정서를 직면하다, fear두려움을 직면하다, prejudice편견에 맞서다
어려움: challenge도전에 맞서다, dilemma, problem

044 constitute

'~으로 구성되어 있다'를 영어로 표현할 때 constitute도 대안이 된다. 의미와 문형에 주의를 기울여야 할 단어다.

'~로 구성되어 있다'를 영어로 표현할 때, 어떤 동사를 쓸지, 문장 구조가 어떠해야 하는지 헷갈리기 쉽습니다. 'A 가 B 를 구성하고 있다'는 B consists of A라고 하거나 A constitutes B라고 해야 맞습니다. B is composed of A라고 해도 좋습니다. 동사에 따라 어떤 단어가 주어 자리에 오는지, 그리고 능동형을 써야 하는지 수동형을 써야 하는지 기억하는 것이 중요합니다. constitute는 '범죄의 구성 요인이 된다'라는 뜻으로도 잘 쓰입니다. '어떤 행동을 하는 것은 범죄에 해당한다'라고 말할 때 유용하죠. 아래 예문을 참고하기 바랍니다.

- 65세 이상 노인이 신규 취업자의 다수를 이루고 있다.

Senior citizens aged 65 or older constitute the majority of the newly employed.

- 문자로 욕설을 보내는 것도 범죄가 될 수 있다.

Sending swear words through short messages can constitute a criminal offence.

- 세대간 갈등의 심화는 우리 사회에 위협이 된다.

The increase in generational conflict constitutes a threat to our society.

- constitute의 목적어들

> 범죄, 사건: crime범죄를 구성하다, discrimination차별에 해당하다, emergency비상사태에 해당하다, offence범법행위에 해당하다, provocation도발 행위에 해당하다, threat, violation위반에 해당하다
> '~을 구성하다'의 목적어가 될 수 있는 단어들: majority다수를 구성하다, proof증거가 되다, turning point

045 consult

consult가 '컨설팅을 해준다'라는 뜻을 지니지는 않는다. consult는 '컨설팅을 의뢰한다'에 가까우며, 문서나 사전을 '참고한다'라고 할 때 쓰는 동사다.

'컨설팅'이라는 말을 많이 쓰기 때문에 동사 consult도 익숙하죠. 그런데 consult는 컨설팅을 해준다는 의미가 아니라 누구와 협의하거나 조언을 구한다는 뜻입니다. with 없이 타동사로 쓰는 경우가 있고 with와 함께 쓰는 경우가 있는데, 큰 의미 차이는 없습니다. 또, consult가 지닌 중요한 뜻 중에 '사전 같은 서적을 참고한다'가 있습니다. consult a dictionary라고 하면 사전을 찾아본다는 말이 됩니다.

- 모르는 단어가 나오면 사전을 찾기 전에 생각을 해 보세요.

When you find a new vocabulary, make a guess before you consult a dictionary.

- 부모님과 상의 없이 그런 결정을 내리지 말았어야 했다.

I shouldn't have made such a decision without consulting parents.

- consult의 목적어들

> **전문가:** attorney변호사에게 자문을 구하다, counsel변호인에게 자문을 구하다, designer, expert, specialist전문가에게 자문을 구하다, stockbroker주식중개인의 자문을 구하다
>
> **자료나 서적:** archive기록을 찾아보다, collection, dictionary사전을 보다, directory, encyclopedia백과사전을 보다, guide, index, manual, map지도를 참고하다, record

046 consume

'소비하다'라는 뜻 이외에 '먹다'라는 뜻을 지닌다.

consume은 '소비하다' 이외에 '먹다'라는 의미도 됩니다. 일상에서 뭔가 먹거나 식사를 한다는 의미로 쓰이기보다는 우리말로 '섭취한다'와 비슷한 어감을 지니죠. 어떤 영양분을 섭취하거나 칼로리를 소비한다고 할 때 consume을 활용할 수 있습니다.

- 성인 남성은 하루 평균 1800킬로 칼로리를 소비한다.

An average adult male consumes about 1,800 kcal per day.

- 그 국가에서는 술을 마시려면 20세 이상이어야 한다.

Those who are 20 or older are permitted to consume alcoholic beverages in the country.

- consume의 목적어들

> 먹는 것: alcohol술을 마시다, calorie, carbohydrate탄수화물을 섭취하다, fat지방을 섭취하다, food, meat
> 마시는 것: drink, liquor술을 마시다, milk

047 contact

어떤 사람과 '연락한다' 혹은 '연락을 해본다'라고 할 때 가장 먼저 떠올릴 단어

우리가 일상에서 '연락한다'는 말을 영어로 표현할 때 가장 먼저 생각해 볼 단어가 contact입니다. '내가 연락할게'는 I will contact you. 혹은 Let me contact you.처럼 표현할 수 있습니다. 수동형으로도 활용할 수 있으므로 I was contacted by ~라고 하면 '~가 내게 연락을 했다'는 뜻이죠. 전화 통화, 문자, 이메일 등 모든 상황에서 유용하게 쓸 수 있습니다.

- 궁금한 점 있으시면 언제든 연락 주세요.

Please do not hesitate to contact me if you have any questions.

- 문제가 지속되면 보안 전문가에게 연락을 해 보세요.

If the problem continues, try contacting a security expert.

048 convince

'설득하다'를 반드시 persuade라고만 말할 필요는 없다. 상대방이 확신을 가지도록 설득하는 것은 convince로 표현할 수 있다.

영어로 '설득하다'를 표현할 때 persuade에만 의존하는 경향이 있죠. 하지만 convince도 좋은 대안이 됩니다. 'convince 사람 to 부정사' 이렇게 표현하면, 어떤 사람에게 ~ 하라고 설득을 하거나 확신을 주는 것을 말합니다. convincing이라고 ing를 붙여 형용사처럼 쓰면, 마치 확신을 주는 듯한, 그럴듯한 모습을 일컫는 말이 됩니다.

- 주식투자를 하라고 그를 설득하고 있다.

I've been trying to convince him to start investing in stocks.

- 딸아이에게 설득 당해 도쿄 디즈니랜드에 가기로 했다.

I was convinced by my daughter to go to Tokyo Disneyland.

- convince의 목적어들

> 사람: audience청중을 납득시키다, investor투자자를 납득시키다, judge판사를 설득하다, jury배심원단을 납득시키다, skeptic회의적인 사람을 설득하다, voter
> 기관, 단체: court재판정을 설득하다

049 cost

'비용이 얼마가 들었다'라는 기본 뜻에서 나아가, 어떤 말이나 행동의 대가를 치르게 되었다고 할 때 쓰는 단어다. 이 때 문형에 주의해야 한다.

cost는 얼마의 비용이 들었다는 뜻이므로, 예를 들어 It cost me ten dollars.는 '비용이 10달러 들었다'라는 말이 되죠. cost 뒤에 사람이 나오고 다음에 얼마의 비용이 들었는지 나오는 게 일반적인 어순입니다. 그런데, 비용이 드는 것처럼, 어떤 사람이 어떤 것을 잃어버리게 만들 때, 그런 상황을 cost로 표현할 수 있습니다. 예를 들어 '그런 말을 해서 그는 직업을 잃었다'를 영어로는 The comment cost him his job.처럼 말할 수 있습니다. 마치 얼마만큼의 비용을 어떤 사람에게서 빼앗아 가듯이 기회라든지 가치 있는 것을 앗아간다는 의미가 되는 거죠. 이렇게 쓰일 때도 소위 4형식 문형이 되기 때문에 간접 목적어 him과 직접 목적어 his job 사이에 전치사가 필요 없습니다.

- 그 말 한 마디로 그는 거의 목숨을 잃을 뻔했다.

That one remark almost cost him his life.

- 그는 인터넷 게임에 중독되어 거의 커리어를 날릴 뻔했다

His addiction to Internet games almost cost him his career.

- 작은 실수로 최고경영자가 될 기회를 놓쳤다.

That minor mistake cost him the chance to become the CEO.

050 count

'숫자를 센다'는 뜻뿐 아니라, '매우 중요하다'라는 의미도 지닌다.

count에는 '중요하다'라는 뜻이 있어요. 예를 들어 First impressions count.는 '첫 인상은 중요하다'라는 말입니다. 선물 같은 걸 주고 받을 때 쓸 수 있는 It's the thought that counts.라는 문장도 있죠. '그런 생각을 했다는 것이 중요하다', 즉 '중요한 건 마음이죠'라는 뜻입니다. 선물이 약소해도 그 마음이 중요하다는 의미로 하는 말입니다. It is ~ that counts. 문형을 활용하면 it과 that 중간에 나오는 내용이 중요하다는 말을 효과적으로 표현할 수 있습니다.

- 지금부터는 경기의 매 순간이 중요하다.

From now on, every minute counts in this game.

- 중요한 건 매출의 규모가 아니다.

It's not the revenue size that counts.

051 cover

외래어 '커버하다'가 무엇을 다루거나 포함한다는 뜻으로 쓰이는데, 영어 cover의 쓰임도 같다. 외래어 '커버하다'는 거의 100% 영어 cover로 표현할 수 있다.

외래어를 영어로 다시 옮기면 오히려 말이 되지 않는 경우가 많습니다. 하지만 cover는 우리가 '커버한다'라고 말하는 거의 모든 상황에 대한 영어 대안이 됩니다. 어떤 문제를 다룬다고 할 때도, 주제가 무엇이라고 할 때도 동사 cover를 활용할 수 있죠. 고맙게도 우리가 쓰는 외래어 '커버하다'와 실제 동사 cover의 쓰임이 거의 같다고 생각하면 됩니다.

- 그 책은 자영업의 모든 측면을 다룬다.

The book covers all aspects of being self-employed.

- 그 규칙들은 이와 같은 경우에도 적용됩니다.

The rules cover a case like this.

- cover의 목적어들

관점: aspect관점/측면을 다루다, point
범위: range범위를 커버하다, span범위를 커버하다, spectrum범위를 커버하다
다루는 주제: basics기초를 다루다, essentials핵심을 다루다, period어떤 시기를 다루다, possibility, story, subject어떤 주제를 다루다, topic

052 create

create를 반드시 뭔가 근사한 것을 '창조'할 때만 쓰는 것은 아니다. 문제를 일으키거나 혼란을 초래하는 경우에도 create라고 표현할 수 있다.

create는 '창조하다'라는 뜻을 지니기 때문에 근사한 것을 만들어 내는 데에만 쓸 것 같지만, 근사하지 않더라도 뭔가가 생겨날 때에는 create라고 표현할 수 있습니다. 예를 들어 어떤 피의자가 기소될 만한 충분한 증거를 이미 '만들어냈다'고 할 때도 create를 활용할 수 있죠. 오히려 '창조하다'라는 뜻으로만 이해하면 쓰임이 제한되는 단어가 create입니다. 반드시 긍정적이거나 좋은 것이 아니더라도 뭔가가 생겨난다면 create로 표현해 보기 바랍니다.

• 그 회사는 젊고 활기차다는 이미지를 만들어 내려고 노력 중이다.

The company is trying to create a young energetic image.

• 그가 개입한 것은 혼란만 불러일으켰을 뿐이다.

His intervention only created confusion.

• 따뜻한 느낌을 자아내고 싶다면 붉은 계통의 색을 써.

If you want to create a feeling of warmth, use a reddish color.

• create의 목적어들

부정적인 감정: animosity반감을 불러일으키다, antagonism반감을 불러일으키다, anxiety근심하게 하다, distrust불신을 초래하다
부정적인 상황: atmosphere, backlash역풍을 일으키다, burden짐이 되다, chaos혼란을 일으키다, conflict, confusion, controversy논쟁을 초래하다, crisis, dilemma, disaster, disorder, dissatisfaction, division분열을 일으키다, gap, headache, illusion, inequality불평등을 초래하다, monopoly독점을 발생시키다, nightmare악몽 같은 상황을 만들다, noise, obstacle, pollution, problem, scandal스캔들을 일으키다, situation, stereotype, suspicion, turmoil혼란을 초래하다, unemployment실업을 낳다
긍정적 감정: confidence확신을 낳다, impression, sympathy
긍정적 상황: boom, culture~하는 문화를 만들다, environment, image, opportunity,

partnership, situation
계획, 이미지: image, plan, vision

053 cultivate

우리말 '육성하다', 특히 '산업을 육성하다'를 무조건 cultivate로 표현하면 어색한 표현이 될 수 있으니 주의하자.

cultivate는 '재배하다', '육성하다'라는 뜻이죠. 그런데 마치 식물을 키우듯 추상적인 것을 함양한다고 할 때도 쓸 수 있습니다. 주의할 점은, 우리말 '육성하다'를 영어로 표현하기 위해 cultivate만 쓰는 것은 적절치 않다는 것입니다. 인재를 양성한다든지 유망주를 육성한다든지 이런 말을 영어로 할 때는 cultivate보다 그냥 educate가 더 적당합니다. 기본적으로 식물을 배양한다는 의미로 쓰고, 어떤 가치를 함양한다고 할 때에도 쓸 수 있지만, '육성하다'의 대안으로 cultivate을 남용하지 않도록 주의해야 합니다.

- 회사에서 그의 역할은 언론과 좋은 관계를 구축하는 것이다.

His role in the company is to cultivate good relations with the press.

- 좀 다른 진보주의자라는 이미지를 만들기 위해 노력했다.

She has worked hard to cultivate an image as a different sort of liberal.

- **cultivate의 목적어들**

태도, 정신: attitude태도를 갖추게 하다, habit습관을 기르다, image, talent재능을 육성하다
관계: friendship우정을 쌓다, love, relation, relationship관계를 깊게 하다

054 cut

cut a deal이라고 하면 새로운 기회를 '만들다', '성공시키다'라는 뜻이다.

cut은 잘라 버린다는 뜻으로 익숙하지만, 예를 들어 deal을 cut한다고 하면, 거래 같은 걸 '성사시키다'라는 뜻이에요. cut a deal이, 잘 진행되던 거래를 잘라 먹어서 실패하게 만든다는 뜻이 아니고 '성공시키다'라는 의미라는 점을 기억하면 되겠습니다.

- 양측은 마지막 순간에 계약을 성사시킬 수 있었다.

Both parties were able to cut a deal at the last minute.

- 2개의 정부 부서에 소프트웨어를 공급하는 계약을 체결했다.

We finally cut a deal to supply software for two government ministries.

Exercise 1

▶ 다음 빈 칸에 가장 잘 어울리는 단어를 고르세요.

1. 그는 자신이 실수를 저질렀다는 사실을 끝내 인정하지 않았다.
He never _____ that he had made a mistake.
①delivered ②approved ③acknowledged ④denied

2. 회사에 입사한 지 얼마 되지 않아 아직 적응이 안 된 것 같은 생각이 듭니다.
It's not been a while since I joined the company, so I feel like I haven't _____ to it yet.
① adapted ②applied ③used ④accepted

3. 오랫동안 배우로 데뷔하기를 바라 왔는데, 결국 그 꿈이 이루어졌다.
He's been _____ to debut as an actor for a long time, and that dream has finally come true.
①conspiring ② aspiring ③respiring ④inspiring

4. 자동차에 필요 이상의 애착을 지닐 필요는 없다고 생각한다.
I don't think there's any need to be more _____ to cars than necessary.
①attracted ②aligned ③used ④ attached

5. 모두의 예상을 깨고, 그는 입사 첫 해에 판매왕의 자리를 거머쥐었다.
_____ everyone's expectations, he took the position of sales king in his first year at the company.
①Beating ②Hitting ③Breaking ④Destroying

6. 이사회는 직원의 사기를 진작시키는 차원에서 전직원에게 스톡옵션을 부여하기로 결정했다.
The board of directors decided to grant stock options to all employees to _____ employee morale.

①pump ②inspire ③restore ④boost

7. 그는 1시간 상담에 50만원이 넘는 돈을 청구하지만, 그럴 가치가 있다고 생각한다.

He _____ over 500,000 won for a one-hour consultation, but it's worth it.

① charges ②demands ③asks ④proves

8. 그는 회사가 위기에 빠졌을 때 나아갈 방향을 제시해 준 사람이다.

He is the one who _____ a course for the company when it was in crisis.

①gave ② charted ③drew ④painted

9. 최소한 3년 동안은 이 일에 전념할 생각이고, 그 후에 다른 기회를 찾아보려 한다.

I intend to _____ myself to this work for at least three years, after which I will look for other opportunities.

①move ② work ③commit ④drive

10. 그 정도 증거만으로도 충분히 명예훼손에 해당한다고 변호사는 말했다.

The lawyer said that such amount of evidence is enough to _____ defamation.

① constitute ②develop ③equal ④prove

▶ 정답 및 해설

1 **acknowledge**는 우리말 '인정하다'와 마찬가지로 사실을 받아들이거나 능력을 좋게 평가한다는 뜻을 모두 지닌다. **approve**를 '인정하다'로 번역하는 경우도 있지만, **approve**는 '승낙'이나 '승인'을 뜻하는 '인정하다'이다.

2 새로운 것에 적응한다고 할 때 가장 일반적인 표현이 **adapt to**이다.

3 뭔가 성취할 것을 욕망하는 모습을 **aspire to**로 표현할 수 있다. **conspire**는 음모를 꾸민다는 뜻이고, **respire**는 호흡을 한다는 의미다.

4 **attach**는 사물을 붙이는 것뿐 아니라 '정서'를 붙이는 것, 즉 애착을 지니는 태도도 표현한다.

5 **beat**는 '능가하다'라는 뜻을 지닌다. 여기서는 예상을 넘어선다는 의미이므로 **break**보다는 **beat**이 더 적절하다.

6 사기를 진작시킨다고 할 때 **morale**과 잘 붙어 다니는 단어가 **boost**이다.

7 비용을 얼마 청구한다고 할 때는 **charge**가 가장 일반적이다. **demand**는 요구한다는 의미이므로 이 문맥에서는 적당하지 않다.

8 **chart the course**는 갈 길을 정한다는 뜻의 관용 표현이므로, **draw**나 **paint**도 의미는 통하겠지만, 가장 적절한 단어는 **charted**가 된다.

9 '전념', '약속', '헌신' 등을 표현할 때 가장 적절한 단어가 **commit**이다.

10 **constitute**는 '구성하다'라는 기본 뜻을 지니므로, 특히 어떤 범죄를 구성할 요건을 갖추었다고 할 때 활용할 수 있다.

정답 1 ③ 2 ① 3 ② 4 ④ 5 ① 6 ④ 7 ① 8 ② 9 ③ 10 ①

D~F

055 deduct

숫자를 뺀다고 할 때 subtract를 떠올리지만, '덜어 내다', '공제한다'라고 할 때는 deduct가 더 적절하다.

숫자를 뺀다고 할 때 subtract를 생각하게 되지만, 전체에서 어느 부분을 덜어 낸다, 즉 우리말 '공제한다'에 해당하는 단어로는 deduct가 더 정확합니다. 특히 세금이나 소득과 관련된 '공제'는 동사 deduct, 그 명사형 deduction으로 표현해 보기 바랍니다.

• 원천징수세가 제외된 액수를 급여로 받게 됩니다.

Withholding tax will be automatically deducted from your salary.

• 신용카드 사용액 중 일부가 공제될 수 있습니다.

You could deduct part of your credit card payments.

• deduct의 목적어들

> **액수, 비용:** commission커미션을 제하다, expense비용을 빼다, payment지불액을 빼다, tax세금을 공제하다

056 delegate

'업무를 배분한다', '일을 아랫사람에게 나눠준다'라고 할 때 유용하게 활용할 수 있는 단어다.

delegate은 '파견하다'가 기본 뜻이에요. 예를 들어 기업이나 국가가 어떤 인원을 어디로 파견한다고 할 때 delegate라고 표현할 수 있죠. 그 뜻뿐 아니라, 내가 맡고 있는 일의 일부를 아랫사람에게 나누어 준다는 의미도 있어요. 일을 나눠서 한다고 말할 때, 윗사람이 아래 사람한테 업무를 배분해 주거나 자기 업무의 일부를 떼어주는 상황인 경우에는 delegate라고

하면 됩니다.

- 모든 일을 혼자 하려 하지 말고 아랫사람에게 나누어 주어야 한다.

You should delegate some of your work to your subordinates. Don't try to do everything by yourself.

- 그 업무는 밑에 사람에게 넘겼어야 했다.

The task had to be delegated to an assistant.

- delegate의 목적어들

권한, 책임: authority권한을 위임하다, power, responsibility
업무: task업무를 떼어 주다, work

057 deliver

사물을 '배송하다'라는 뜻이지만, 메세지나 이야기처럼 눈에 보이지 않는 것을 전달할 때도 쓸 수 있는 단어다.

deliver는 물건을 배송한다는 의미로 익숙하지만, 눈에 보이지 않는 메시지 같은 것을 전달한다고 할 때도 쓸 수 있어요. 보통 손에 잡히는 것을 목적어로 취하는 동사는, 손에 잡히지 않는 것을 어떻게 한다는 비유적인 쓰임으로도 잘 등장합니다. deliver도 그런 예입니다. deliver의 목적어로 쓰일 수 있는 단어들에 주목하세요.

- 대통령이 1월1일 TV 생중계 연설을 할 예정이다.

The president will deliver a televised speech to the nation on January 1.

- 그 정책은 약속한 만큼의 혜택을 가져다 주지 못했다.

The policy has not delivered the promised benefits.

• deliver의 목적어들

> 정보: information, lecture강연을 하다, message, news, report, result, speech연설을 하다
>
> 혜택이나 이득: benefit혜택을 주다, performance성과를 내다, return수익을 내다, value가치를 창출하다

058 demonstrate

'데모하다'라는 뜻으로 익숙하지만, 증거를 보여주거나 입증한다는 의미로 빈번히 쓰이는 단어다.

'데모하다'라는 말의 '데모'가 demonstrate에서 온 거죠. 그래서 '시위하다'를 영어로 표현할 때 demonstrate만 생각하기 쉬운데, 시위를 하는 것은 protest라고 표현하는 경우가 많습니다. demonstrate는 '시범을 보이다'라는 의미로 잘 등장하죠. 어떤 사실을 잘 설명해 주거나 보여준다는 뜻으로 demonstrate를 어떻게 활용할지, 아래 예문과 콜로케이션 리스트를 통해 익히기 바랍니다.

• 국왕의 연설은 그가 환경에 대해 진심임을 보여주었다.

The King's speech demonstrated his commitment to the environment.

• 그는 기업이 적자에서 탈출해 흑자로 전환되도록 하는 능력을 보여주었다.

He demonstrated his ability to get the company out of the red and back into the black.

• demonstrate의 목적어들

능력: ability, capability, capacity능력을 보여주다, competence능숙함을 보여주다, creativity, inability, influence, intelligence지적 능력을 보여주다, knowledge, leadership, potential, power, resilience회복력을 보여주다, skill, support, talent, weakness
생각, 믿음: commitment~에 얼마나 의지가 있는지 보여주다, idea, understanding
성품: bravery, courage, dedication얼마나 헌신하는지 보여주다, determination결의를 보여주다, maturity성숙함을 보여주다, sincerity진실함을 보여주다
특성: confidence확신을 보여주다, correlation상관관계를 보여주다, desire, difference, effect, efficiency, excellence, flexibility, ignorance무지를 보여주다, importance, improvement, innocence, limitation, link, loyalty, need, openness, preference, progress, readiness, relationship, relevance, vulnerability취약성을 보여주다, willingness기꺼이 ~하겠다는 뜻을 보여주다

059 deny

받아야 할 것을 받지 못하거나 특히 누려야 할 권리를 거부 당한다는 뜻으로 쓰인다.

deny는 '부정하다'이므로, 예를 들어 The criminal denied the allegations(범죄자가 자신의 혐의를 부인했다).와 같은 문장을 만들 수 있죠. 그런데 deny는 '누구에게 무엇을 주지 않다'라는 뜻도 지닙니다. 그러니까 '무엇을 거부당했다'라고 할 때도 deny를 쓸 수 있는 거죠. 예를 들어 '그는 기본적인 권리도 보장받지 못했다'를 deny로 표현할 수 있는데, 중요한 점은 deny가 소위 간접목적어와 직접목적어를 지니는 4형식 문장으로 쓰인다는 겁니다. 그래서 They denied him the right to ~, 혹은 He was denied the right to ~ 이렇게 얘기하면 '그에게 ~ 할 권리를 주지 않다'라는 의미예요. '주다'라는 뜻의 동사 give가 4형식으로 쓰이듯, '주지 않다'라는 의미의 deny도 같은 형식으로 쓰이는 거죠. 특히 수동형 문장으로 쓰일 때 I was denied my right to ~ 이렇게 deny 다음에 바로 부정당한 내용이 나오게 됩니다. deny와 부정당한 내용 사이에 어떤 전치사도 필요 없습니다.

• **그들은 그 정보에 대한 접근을 거부당했다.**

They were denied access to the information.

• 부모는 그를 대학에 보내지 않았다.

His parents denied him the opportunity to go to university.

• deny의 목적어들

> 추상적인 가치들: benefit혜택을 주지 않다, chance기회를 주지 않다, education교육을 시키지 않다, equality, existence존재를 부정하다, fact, feeling, freedom, importance, need, possibility, status
> 권리, 허락: access접근하지 못하게 하다, authority권한을 주지 않다, entrance출입하지 못하게 하다, permission허락하지 않다, permit, request, right권리를 주지 않다

060 depict

어떤 모습으로 '묘사한다'라고 할 때 describe처럼 쓸 수 있는 단어

예를 들어 소설에서 어떤 인물을 어떻게 '그렸다'고 할 때 describe와 같은 뜻으로 쓸 수 있는 동사가 depict예요. describe는 상대적으로 떠올리기 쉬운데, depict는 잘 생각을 못 해내는 것 같습니다. 묘사한다는 의미로 depict를 기억하고 활용해 보기 바랍니다.

• 그 SF영화는 핵전쟁 후의 디스토피아를 묘사하고 있다.

The sci-fi film depicts a dystopian society that comes after a nuclear war.

• 그의 책에서 전직 대통령은 거짓말쟁이로 묘사되어 있다.

In his book, the former president is depicted as a liar.

- **depict의 주어들**

  예술가: artist
  그림이나 작품: drawing, film, illustration, image, movie, painting, photograph, picture, scene, work

- **depict의 목적어들**

  특성, 모습: character특성을 묘사하다, reality현실을 묘사하다

061 derive
혜택이나 즐거움 등 좋은 것들을 이끌어 낸다는 뜻을 지니는 단어

derive를 사전에서 찾으면 '~을 끌어내다'라고 나오는데, 어떤 결론을 도출해 낸다고 할 때보다는 혜택이나 즐거움, 가치 등 좋은 것들을 이끌어 낸다는 뜻으로 더 많이 쓰입니다. 논리적으로 어떤 결론을 도출해 내는 경우에는 deduce나 conclude가 적절합니다.

- 문제를 몇 년간 면밀히 분석한 후 이런 예상을 한 것이다.

This prediction was derived from years of deep analysis of the problem.

- 대부분의 한국어 단어들은 한자에서 왔다.

Most Korean words were derived from Chinese letters.

- **derive의 목적어들**

  긍정적인 가치들: amusement즐거움을 얻다, benefit, comfort편안함을 얻다, information정보를 얻다, inspiration영감을 얻다, pleasure, satisfaction, support

062 develop

'발전하다'라는 뜻으로 가장 흔히 쓰는 단어다. 하지만 '발전하다'를 영어로 표현하는 방법은 훨씬 다양하다.

develop은 '개발하다', '발전하다'를 표현하는 가장 기본적인 단어입니다. 그런데 앞서 advance에서 설명했듯, '발전하다'라는 의미일 때는 advance라든지 진화한다는 뜻인 evolve를 쓸 수 있어요. 같은 의미로, take ~ to a higher level처럼 말할 수도 있습니다. 어떤 것을 한 단계 높이 가져가는 것이 결국 발전시키는 것이기 때문입니다. 그러니까 '발전하다'를 영어로 표현할 때 develop 이외에 비슷한 의미를 전달하는 다른 단어나 표현들을 써 볼 필요가 있습니다.

- 인공지능 기술이 빨리 발전하고 있다.

Artificial intelligence has been developing very rapidly.

- 미국에서 일하는 동안 멕시코 음식을 좋아하게 되었다.

Working in America, I developed a taste for Mexican foods.

- develop의 주어들

산업, 경제: economy, industry, market
추상적 가치: argument논쟁이 심화되다, culture문화가 발전하다, friendship우정이 발전하다, intimacy친밀함이 깊어지다, relationship, scandal, situation, symptom증세가 악화되다, trend
기술: technology

063 direct

동사로 '방향을 설정하다'라는 뜻을 지닌다.

direct는 형용사로 익숙하지만 동사로 '방향을 설정하다'라는 뜻을 지녀요. 그래서 be directed at ~라고 말하면 '~ 방향으로 향하다'라는 뜻이죠. '비판이 ~로 향했다', '그 말은 ~를 향한 것이다', 이렇게 말할 때 '향하다'를 전치사 toward 대신 directed at으로 표현하면 의미가 더 명확해집니다.

• 내 분노의 대부분은 교사들에게 향했다.

Most of my anger was directed at the teachers.

• 그는 대중의 관심을 정치가 아닌 다른 곳으로 돌리기 위해 전쟁을 일으켰다.

He started the war to direct public attention away from politics to somewhere else.

• direct의 목적어들

> **부정적 감정:** aggression~을 공격하다, anger분노를 ~로 향하게 하다
> **에너지:** attention주의를 ~로 향하게 하다, energy에너지를 ~로 향하게 하다, focus초점을 ~에 맞추다
> **언어:** comment~에 대해 언급하다, criticism비판이 ~을 향하다, remark

064 discourage

용기를 북돋아 준다는 뜻인 encourage의 반대말이 discourage다. 문형에 주의할 단어다.

encourage는 용기를 불어넣는다는 뜻이고, discourage는 반대로 용기를 빼앗아 간다는 말이죠. 우리말 한 단어로 속 시원히 번역하기는 힘들고, '~ 하지 않고 싶게 만들다', '~을 할 맛이 안 나게 한다'가 기본 뜻입니다. 그런데 encourage와 discourage는 문형이 다릅니다. encourage의 내용은 to 부정사로 표현되지만, discourage는 from 다음에 -ing형을 넣어 표현합니다. 아래 예문을 통해 의미와 문형을 같이 기억하기 바랍니다.

• 안 좋은 날씨 때문에 선거 참여가 낮았다.

The bad weather discouraged people from going to the polls.

- 부모님은 내가 가수가 되는 것을 단념하게 하려 애쓰셨다.

My parents tried to discourage me from being a singer.

065 discuss

'토론하다'라는 뜻이지만 주어 자리에 사람만 오는 것은 아니다. 책이나 논문 등을 주어로 잡아, 그 책이나 논문이 어떤 내용을 다룬다고 할 때 쓸 수 있는 단어다.

discuss는 '토론하다', '논의하다'라는 뜻으로 익숙하죠. 그런데 주어 자리에 반드시 사람만 오는 건 아닙니다. 우리말로는 '이 논문은 ~을 논의합니다', '이 책은 ~에 대해 토론합니다'라고 하지 않지만, 영어에서는 그렇게 표현할 수 있죠. 그래서 '이 책에서는 어떤 내용을 다룹니다'를 영어로 표현할 때 This book discusses ~처럼 말할 수 있습니다. '이 세미나에서는 ~을 논의할 예정입니다'의 경우에도 This seminar discusses ~ 처럼 말할 수 있죠. 무생물을 주어로 잡고 discuss를 동사로 쓰는 표현법을 기억하기 바랍니다.

- 그의 새 책은 1960-70년대 한국 정치의 문제점들을 다룬다.

His new book discusses the problems of the Korean politics in the 1960s and 70s.

- 그 연구는 의학 분야에서 로봇 사용의 확대에 대해 다룬다.

The research discusses the expanding use of robots in medical field.

- **discuss의 주어들**

> 글이나 책: article, chapter챕터는 ~을 다룬다, essay에세이는 ~에 대해 논한다
> 사람들, 모임: cabinet내각이 ~을 논의하다, meeting

066 dismiss

다른 사람의 생각이나 입장을 묵살하거나 무시한다고 할 때 쓸 수 있는 단어

dismiss도 여러 뜻을 지니는 단어입니다. 예를 들어 영화를 보면 군대에서 상관이 부하에게 할 얘기를 다 하고 You are dismissed. 이렇게 얘기하는 경우가 있습니다. 교사가 '오늘 수업은 여기까지'라는 의미로 Class dismissed.라고 말할 수도 있죠. 이 때는 '해산시키다'라는 뜻입니다. 이밖에 꼭 기억해야 할 뜻이 '무시하다'예요. 별로 중요하지 않다고 무시하는 것을 dismiss라고 합니다. 그래서 dismiss A as B라고 하면 'A를 B라고 치부해 버린다'는 의미가 됩니다. 예를 들어 타인의 아이디어를 묵살하는 상황을 dismiss로 표현할 수 있죠. dismiss의 형용사형은 dismissive인데, 무시하는 태도를 표현합니다. 그래서 be dismissive of ~도 동사 dismiss와 비슷한 의미가 됩니다. 우리말 '무시하다'는 보통 ignore로 표현하지만, 묵살한다는 의미일 때는 dismiss도 좋은 대안이 됩니다.

- 그는 그 논쟁을 무가치한 것이라고 일축했다.

He dismissed the argument as worthless.

- 직원들의 제안을 묵살해서는 안 된다.

Suggestions by the employees should not be dismissed.

- dismiss의 목적어들

> **법률과 관련된 용어:** accusation혐의를 인정하지 않다, allegation주장을 일축하다, appeal항소를 받아들이지 않다, case소송을 기각하다, charge혐의를 인정하지 않다, petition탄원을 받아들이지 않다
> **생각이나 주장:** argument주장을 묵살하다, claim, complaint불평을 무시하다, concern, criticism, idea, importance중요성을 인정하지 않다, notion, possibility, speculation, suggestion, view
> **보고서:** report

067 display

'디스플레이'라는 외래어 때문에 작품을 전시하는 것만 display라고 할 것 같지만, '보여주다'라는 의미로 동사 show와 비슷하게 쓸 수 있는 단어다.

'디스플레이'라는 외래어로 익숙한 display는 '전시하다'라는 의미만 지니지는 않습니다. 작품이나 상품을 전시하는 것뿐 아니라, 어떤 장면이나 모습을 보여준다고 할 때 show 정도의 의미로 display를 쓸 수 있습니다. 사물뿐 아니라 감정이나 가치 등을 보여준다는 의미로 활용해 보기 바랍니다. 아래 display의 목적어들에 주목하세요.

• 그가 10살 때 그린 그림은 그의 미술에 대한 재능을 확실히 보여주었다.

The picture he painted at the age of ten definitely displayed his talent.

• 그녀는 법원에서 판결을 받을 때에도 감정의 동요가 없어 보였다.

She displayed little emotion even when she was sentenced in court.

• display의 목적어들

> **감정, 모습:** affection애정을 보여주다, bias편견을 보이다, contempt경멸하다, emotion감정을 보이다, indifference, reluctance꺼리는 모습을 보이다, symptom증세를 보이다
> **추상적 가치:** bravery용기를 보이다, characteristic, competence, confidence, courage, elegance, ignorance, loyalty충성심을 보이다, modesty겸손한 모습을 보이다, originality, preference, quality, sensitivity, skill, spirit, talent, taste, tendency
> **태도나 의지:** arrogance거만한 모습을 보이다, attitude, commitment전념하겠다는 뜻을 보이다, willingness~하겠다는 의사를 보이다

068 disseminate

어떤 컨텐츠나 자료를 많은 사람에게 배포한다고 할 때 유용한 단어

disseminate은 퍼뜨린다는 뜻입니다. 어원을 따져보면, dis-는 away를 의미합니다. dis-는 discover에서처럼 반대의 의미를 지니는 접두사지만, '멀리', '여러 방향으로'라는 뜻도 지닙니다. 그래서 disseminate은 '여러 방향으로 뭔가를 전달한다'가 기본 뜻입니다. 특히 업무 관련 이메일에서, 회의 때 논의할 자료를 참석자에게 배포한다는 말을 하게 되는데, disseminate the material처럼 얘기할 수 있습니다. 조금 어려워 보여도 유용한 단어입니다.

- 누군가가 그것을 인터넷에 올린 후 빠르게 전 세계에 퍼졌다.

After someone uploaded it on the Internet, it was quickly disseminated around the world.

- 그 내용을 모든 관계자들에게 가능한 빨리 전송해야 한다.

The information should be disseminated to all the parties involved ASAP.

- disseminate의 목적어들

> 정보나 메시지: information, message

069 dread

'두려워하다', '무서워하다'라는 뜻을 지닌 단어 중 하나다.

두려워하거나 무서워한다는 뜻을 지닌 단어 중에 dread도 있습니다. dread는 다음에 -ing를 써서 어떤 일이 일어날까봐 두려워한다는 의미를 전달합니다.

- 월요일 아침마다 회사 가기가 두렵다.

I dread going to work every Monday morning.

- 팀은 금요일에 학교에 가지 않은 것을 부모님이 알게 될까봐 두려웠다.

Tim dreaded his parents finding out that he didn't go to school on Friday.

070 drive

'운전하다'라는 기본 뜻 말고, '~인 상태로 몰아 가다'라는 의미로 쓸 수 있는 단어

drive에는 '운전하다'라는 뜻이 있고, 컴퓨터 관련 기기의 '드라이버'에서 볼 수 있듯 뭔가를 '구동시킨다'는 뜻도 지니죠. 더 나아가 '동력이 된다'는 의미도 있습니다. 앞으로 밀고 나가는 모습을 가리키므로, '경쟁이 우리가 사는 세상을 발전시킨다'처럼 '발전'을 표현하기에도 적절한 단어예요. 또, drive의 과거 분사형 driven은 의욕이 있고 성공하겠다는 태도를 지닌 사람을 일컫는 말도 됩니다. 이 뜻도 '동력'이나 '밀고 나가는 힘'을 의미하는 drive의 기본 의미에서 나왔다고 유추할 수 있습니다.

- 차별 때문에 나는 더 열심히 공부하게 되었다.

Discrimination drove me to study harder.

- 출세욕에 사로잡힌 필은 오랜 여자친구를 버리고 정략결혼을 했다.

Phil, driven by greed to succeed, dumped his long-time girlfriend and chose a marriage of convenience.

071 embrace

실제로 사람을 껴안는 것뿐 아니라, 새로운 관습이나 제도를 받아들인다는 뜻도 지니는 단어

껴안는 것을 embrace라고 하죠. 우리말 '포옹하다'에 해당하는 단어입니다. 또 우리말 '포옹하다'처럼, embrace는 새로운 제도나 기술 등을 받아들인다는 뜻으로도 잘 쓰입니다. '받아들이다'라고 할 때 accept 이외에 embrace도 활용해 보기 바랍니다.

- 그 사회의 기득권세력은 새 대통령이 추진하는 개혁을 받아들일 수 없었다.

The establishment of the society could not embrace the reforms the new president was pushing for.

- 학교는 챗GPT 를 금지해야 하는가 아니면 수용해야 하는가?

Should schools ban ChatGPT or embrace the technology instead?

- embrace의 목적어들

> **변화나 가치:** change변화를 수용하다, culture 문화를 받아들이다, diversity다양성을 받아들이다, heritage전통을 받아들이다, reform, role, technology기술을 수용하다, view
> **신념이나 사상:** capitalism자본주의를 받아들이다, communism 공산주의를 받아들이다, concept, creed 신조를 받아들이다, doctrine, idea, ideology 이념을 받아들이다, philosophy, principle

072 endorse

어떤 입장이나 주장을 지지한다는 뜻으로 쓰이는 단어

요즘 '엔도서(endorser)'라는 말을 가끔 듣게 되는데, 독점적으로 특정 상품을 사용하면서 홍보하는 유명인을 일컫죠. endorse는 원래 어떤 입장을 지지한다는 뜻이에요. 지지한다고 할 때 support 이외에 endorse도 대안이 될 수 있습니다. endorse는 특히 트위터에서 잘 볼 수 있는 단어죠. '내가 리트윗 하는 이유가 그 트윗의 내용을 지지하기 때문은 아니다'라는 의미로 Retweets are not endorsements.와 같은 문장을 써 놓는 사람들이 있습니다. 이처럼 endorse는 어떤 입장이나 태도를 지지한다는 뜻으로 활용할 수 있습니다.

- 여당 의원들도 대통령의 입장을 지지하지 않았다.

Even the members of the ruling party did not endorse the president's position.

- 일간지가 특정 후보를 공개적으로 지지하는 것이 미국에서는 이상하지 않다.

In the US, it is not strange for a newspaper to openly endorse a certain candidate.

- endorse의 목적어들

> **주장이나 관점:** candidate후보를 지지하다, practice, proposal, report, view
> **법안, 정책:** amendment개정안을 지지하다, bill법안을 지지하다, initiative계획을 지지하다, policy

073 enforce

검찰이나 경찰이 법을 집행한다고 할 때 쓰는 단어다.

enforce는 검찰이나 경찰처럼 권력을 지닌 기관이 법을 집행한다고 할 때 쓰는 단어입니다. 예를 들어 '규정이나 법을 원칙대로 적용해야 한다'라고 말할 때, '적용하다', '실행하다'라는 우리말 때문에 apply나 implement 같은 단어를 떠올리기 쉬운데, 대신 enforce를 쓸 수 있는 거죠. 우리말에 중점을 두면 생각해 내기가 쉽지 않은 단어인데, 권력기관, 검찰, 경찰의 법 적용을 말할 때 활용하면 되겠습니다.

- 1월1일부터 일회용 플라스틱컵의 매장 내 사용 금지 조치가 시행된다.

The ban on using single-use plastic cup inside restaurants will be enforced from January 1.

- 이 구간에서는 과속 단속을 엄격하게 하고 있다.

The police are strict about enforcing the speed limit in this area.

- enforce의 목적어들

> **금지, 처벌:** ban금지를 시행하다, curfew통금을 시행하다, embargo금수조치를 시행하다, penalty, prohibition, quarantine검역을 실시하다, restriction, sanction제재를 가하다
>
> **법률, 규정, 원칙:** code법을 집행하다, guideline, law, order, policy, regulation, requirement, rule

074 engage

다양한 뜻을 지니는 다소 딱딱한 단어. 기계를 작동 시키거나 어떤 것을 실행한다고 할 때 잘 등장한다.

engage도 사전을 찾아보면 다양한 뜻이 매우 복잡하게 설명되어 있는 단어입니다. 이런 단어일수록 몇 개의 핵심적인 예문을 기억해 두고 그 예문들 중심으로 의미를 확장하며 이해하는 것이 좋습니다. 일상에서 즐겨 쓸 단어는 아니고, 다소 딱딱한 느낌을 주는 단어죠. 일단 기계 같은 것을 작동시킨다고 할 때 engage를 쓸 수 있습니다. 기계를 작동시킨 '상태'를 engaged라고 표현하는 것이죠. 또, 어떤 분쟁이나 전투에 개입하거나 참여한다는 뜻으로 활용합니다. 아래 예문 중심으로 이해하기 바랍니다.

- 공격 당하기 전까지는 공격하지 말 것.

We must be engaged to engage.

- 그 산업이 환경에 미치는 영향에 관한 토의에 참여하려는 기업이 여럿 있었다.

Many companies wanted to engage in the debate about the industry's impact on the environment.

- 군은 정기적으로 전투에 참여했다.

The army was regularly engaged in combat.

075 establish

'자리매김'을 영어로 표현할 때 유용하게 활용할 수 있는 단어다.

establish는 보통 '설립하다'라는 뜻으로 기억하는데, 그런 기본 뜻 이외에, establish 다음에 oneself가 나오는 문형도 유용합니다. establish oneself as ~라고 하면 '자신을 ~로 수립했다'라는 뜻이니, 결국 '~로 자리매김하다'에 해당하는 영어 표현이 됩니다. 우리말 '자리매김'을 영어로 표현할 때 establish oneself를 생각해 보기 바랍니다. 꼭 '자리매김'이 아니더라도 자신의 위치나 내가 속한 조직의 위상을 얘기할 때 쓸 수 있는 표현입니다. 예를 들어 '우리 회사가 업계 1위가 되었다'를 become으로 표현할 수도 있지만, 우리의 노력으로 1위라는 자리에 갖다 놓았다는 의미로 establish를 활용할 수 있죠.

- 이제 막 자기 사업을 시작한지라, 자리를 잡으려면 한동안 시간이 걸릴 것이다.

He has just started his own business, so it will take him a while to get established.

- 국내 최고의 아웃도어 스포츠 용품 업체로 자리매김하는 데 3년밖에 걸리지 않았다.

It took just three years for the company to establish itself as Korea's most famous outdoor sports manufacturer.

076 **evaluate**

assess와 함께 '평가하다'라는 뜻으로 기억해 둘 단어

앞에서 assess를 설명했는데요, assess와 함께 '평가하다'라는 뜻으로 가장 많이 쓰이는 단어가 evaluate입니다. 아래 콜로케이션 리스트에서 보는 것처럼 사람의 능력, 실현 가능성, 중요성 등 어떤 것이든 평가한다고 할 때는 evaluate을 활용하면 의미가 잘 통합니다.

• 정기적으로 에너지 절감효과를 평가해 지원금 규모를 결정할 것이다.

The size of the subsidy will be determined by evaluating the energy saving effect on a regular basis.

• 전직원은 매년 2회 업무성과 평가를 한다.

Every employee's performance is evaluated twice a year.

• evaluate의 목적어들

> **사람, 사람의 능력:** applicant지원자를 평가하다, competence, employee, performance성과를 평가하다, role, success
> **중요성이나 의미:** benefit이득을 평가하다, effect, efficiency, impact, importance, influence, outcome, quality, relationship, result, risk, usefulness유용성을 평가하다, validity타당성을 평가하다
> **가능성:** approach접근방식을 평가하다, condition, feasibility실현 가능성을 평가하다, likelihood, progress, situation
> **주장, 증거:** claim, evidence, idea

077 **evolve**

'발전하다'를 표현할 때 develop 대신 쓸 수 있는 단어

evolve가 지닌 기본 뜻은 '진화하다'인데, 앞서 설명한 것처럼 '발전하다'라는 의미로도 유용합니다. develop, advance, evolve 모두 우리말 '발전하다'의 대안이 된다는 점을 기억하기 바랍니다.

- 자동차의 기능은 계속 발전하지만, 그 중 정말 유용한 것이 얼마나 된다고 생각합니까?

Functionalities of automobiles continue to evolve, but how many of them do you really find useful?

- 그 출판사는 점차 종합 엔터테인먼트 기업으로 진화해 갔다.

The publishing company gradually evolved into a comprehensive entertainment company.

- evolve의 주어들

> **과학이나 기술:** design디자인이 진화하다, gene유전자가 진화하다, technology기술이 발전하다
> **제도, 절차:** market, practice, process
> **생각:** idea, relationship

078 exceed
능가하거나 추월한다고 할 때 우선 떠올려 볼 단어

어떤 것을 능가하거나 넘어선다고 할 때 유용한 단어가 exceed입니다. 어떤 사람의 능력을 넘어서거나 경쟁 상대보다 뛰어나다고 할 때도 쓸 수 있지만, 특히 어떤 수치가 예상치를 넘어선다고 할 때 유용합니다.

- 이제 막 입사했는데, 그의 업무능력은 우리의 기대를 넘어선다.

He has just joined, but his performance exceeds our expectations.

• 지난해 우리 기업의 당기순이익이 처음으로 1억원을 넘어섰다.

Last year, our company's net income exceeded one hundred million won for the first time.

• exceed의 주어들

돈, 비용: demand수요가 ~을 능가하다, expenditure비용이 ~을 넘어서다, income, sale
수준: level
숫자로 표현되는 각종 지표들: inflation, population, temperature, value, volume

• exceed의 목적어들

돈, 비용: budget예산을 넘어 서다, demand, estimate견적을 상회하다, income, supply
수준: expectation예상을 능가하다, level, limit, limitation, maximum, minimum, requirement, threshold한계점을 넘어 서다
각종 수치들: average, figure, projection예상치를 넘어서다, quota할당량을 넘어서다, rate, speed limit, target

079 execute

아이디어를 품고만 있는 것이 아니라 실행에 옮긴다고 할 때 쓸 수 있는 단어

특히 업무 관련해서 '실행하다', '실천하다'라는 말을 영어로 표현해야 할 때가 많은데, 그때 아주 유용한 단어가 execute입니다. 그러니까 아이디어로만 머물지 않고 실행에 옮긴다고 할 때 쓸 수 있는 단어죠. execute an idea, execute a plan처럼 활용할 수 있고, 명사형

execution은 '실천'을 말합니다. 그런데 이 execute는 '처형하다'라는 뜻도 지닙니다. 사람을 죽인다는 뜻이 있어서 경우에 따라 다른 연상을 불러일으킬 수도 있지만, 우리말 '실행하다', '실천하다'를 영어로 표현할 때 우선 생각해 볼 단어입니다.

• 좋은 계획을 세우는 데 안주해서는 안 된다. 중요한 건 계획의 실행이다.

We shouldn't settle for drawing up a good plan. What's more important is executing it.

• 그 팀은 후반전에 계획을 꼼꼼히 실천했고 승리했다.

The team carefully executed the game plan in the second half and won.

• execute의 목적어들

> **계획, 프로그램**: campaign캠페인을 실행하다, plan, program
> **법, 지침, 원칙**: duty의무를 이행하다, instruction지시사항을 이행하다, mission임무를 실행하다, order, step, strategy, will

080 exercise

'운동하다' 이외에 권력이나 권리를 행사한다는 뜻으로도 쓰이는 단어

exercise는 운동을 한다는 뜻을 지니죠. '운동하다'를 영어로 표현할 때 주의할 점은 exercise 동사 하나만 쓰면 된다는 거예요. 한국인들이 take exercise라는 표현을 많이 쓰는데, 그 표현은 그다지 일반적이지 않습니다. 예를 들어 '더 규칙적으로 운동해야 한다'는 I need to exercise more regularly.라고 표현하면 됩니다. 또, 동사 exercise에는 권리를 행사한다는 뜻이 있습니다. 권리 이외에 영향력이나 권위를 행사한다는 말을 할 때도 동사 exercise를 활용합니다. '운동하다' 만큼이나 많이 등장하는 뜻이니 꼭 기억하기 바랍니다.

• 나는 불평하지 않았다. 단지 내 권리를 행사했을 뿐이다.

I wasn't complaining. I was simply exercising my right.

• 조직이 너무 커서 회장도 모든 팀을 통제할 수 없다.

The organization is so large that even the president cannot exercise control over all the teams.

• exercise의 목적어들

> **권리, 책임:** freedom자유를 누리다, leadership리더십을 행사하다, option, privilege특권을 행사하다, responsibility책임을 지다, right
> **제한, 권력:** caution주의하다, control통제하다, discipline훈육하다, judgement판단하다, power, patience, restraint, self-control자기절제를 하다, supervision감독하다, veto거부권을 행사하다
> **영향:** care조심하다, influence영향을 행사하다

081 **expedite**

'속도를 높인다'라는 의미로 구동사 speed up 대신 쓸 수 있는 단어

expedite는 '속도를 높이다'라는 뜻이에요. 구동사로 표현하면 speed up입니다. 상품의 배송을 더 빨리 하거나 어떤 절차를 빠르게 만드는 등, 뭔가의 처리 속도를 높이면 한 단어로 expedite라고 표현할 수 있습니다.

• 가격 경쟁은 끝이 났다. 이제는 배송 속도를 놓고 경쟁을 벌이고 있다.

Competition over price is over. Now, companies are competing over how to expedite deliveries to customers.

• 건설을 빨리 진행하기 위해 더 많은 돈을 투입하기로 결정했다.

The company has decided to input more money to expedite

construction.

• **expedite의 목적어들**

> **변화, 실행:** change변화를 촉진하다, implementation실행 속도를 높이다, process처리 속도를 높이다, solution신속히 해결하다
> **구체적인 행위:** construction빨리 건설하다, delivery배송을 빨리 하다

082 explore

오지를 탐험한다는 뜻 외에 기회를 찾아낸다는 뜻으로도 쓰인다.

explore는 '탐험하다'라는 뜻이죠. 오지 같은 어떤 장소를 탐험하는 것뿐 아니라 새로운 기회를 찾는 것도 explore new opportunities처럼 표현할 수 있습니다. 재차 강조합니다만, 손에 잡히는 물리적인 것을 말할 때 쓰는 동사는 추상적인 것을 말할 때도 활용됩니다. explore도 마찬가지입니다.

• 양측이 법정으로 가지 않고 합의에 의해 해결할 가능성을 탐색 중이다.
Both sides are exploring the possibility of settling the case out of court.

• 그 심리학자의 새 책은 행복과 건강을 위한 인간관계의 역할을 탐구한다.
The psychologist's new book explores the role of relationships in happiness and health.

• **explore의 주어들**

> **사람:** artist, researcher
> **글이나 정보, 연구:** article, book책이 ~을 분석하다, chapter챕터에서는 ~을 고찰한다, essay, paper, research, study

• **explore 의 목적어들**

정책, 대책: alternative대책을 검토하다, role, strategy전략을 탐구하다
관점: aspect~라는 측면을 탐구하다, way
개념, 생각, 주제: concept, idea, implication, issue, meaning, perception, problem문제를 조사하다, question, subject주제를 탐구하다, theme, topic
관련성: connection관련성을 탐구하다, difference, link연관성을 탐구하다, reason, relation, relationship, relevance관련성을 탐구하다
가능성: consequence결과를 조사하다, effect, feasibility실현 가능성을 탐구하다, impact, influence, limit, possibility, potential

083 extend

extend 다음에 올 수 있는 단어는 많다. 특히 감사, 위로 등을 전달하는 것을 extend 라고 한다.

extend는 기본적으로 어디까지 뻗어 나간다는 의미가 있죠. 예를 들어 강의 길이가 500km 라면, The river extends 500 kilometers.처럼 말할 수 있습니다. 또, extend는 어떤 감정을 전달한다는 의미로도 많이 쓰입니다. 감사를 표하다 extend gratitude, 애도를 표하다 extend condolences처럼 서로 상반되는 감정도 같은 동사 extend를 활용합니다. 실제로 물리적인 공간에서 뻗어나간다는 뜻이 아니라 감정을 전달한다는 의미로 쓰는 extend를 기억하기 바랍니다.

- **정중히 사과드리고자 합니다.**

I would like to extend my sincere apologies.

- **미국은 세계 모든 지역의 정치에 영향을 미친다.**

The US government extends its influence over politics of all the regions.

- **extend의 목적어들**

감정, 생각: appreciation감사를 전하다, condolences위로를 전하다, congratulations 축하하다, gratitude감사를 전하다, greeting, mercy자비를 베풀다, sympathy동정하다, thanks, welcome
추상적 가치: benefit혜택을 주다, influence영향력을 행사하다
지원: aid도움을 주다, hand도움을 주다, hospitality환대하다, reach, service

084 facilitate

make ~ easier를 한 단어 facilitate로 표현할 수 있다.

facilitate은 '뭔가를 수월하게 한다'라는 뜻이에요. 그러니까 make ~ easier와 같은 의미를 facilitate 한 단어로 간단히 표현할 수 있는 거죠. 어려워 보일 수도 있지만, 문장을 간단히 만드는 데 도움이 되는 유용한 단어이니 꼭 기억하고 활용해 보기 바랍니다.

• 인공지능의 발달이 번역을 수월하게 해 줄 것이다

Development of AI will facilitate human translation.

• 교실 밖에서 수업을 하는 것이 학생들의 토론을 더 원활하게 한다.

Having classes out of classroom may help facilitate discussion.

• facilitate의 목적어들

물리적 움직임: delivery, movement이동을 수월하게 만들다, passage통과를 수월하게 만들다, return, transmission
변화: development발전을 촉진하다, establishment, expansion, flow, integration통합을 수월하게 하다, introduction, penetration, process, progress, recovery, removal, restoration회복을 돕다, trade, transfer
지적인 활동: communication소통을 수월하게 하다, comparison, cooperation, coordination, creation, discussion, identification쉽게 찾아내게 하다,

implementation실행을 수월하게 하다, innovation혁신을 수월하게 하다, learning, management, meeting, negotiation, participation, recognition, understanding

085 fail

'잘 안되다'라는 뜻으로 fail을 남용하지 않도록 주의해야 한다. fail은 우리말 '실패하다'와 정확히 대응하지 않는 다양한 의미도 지닌다.

일단 '실패하다'라는 뜻인 동사 fail을 남용하지 않도록 주의할 필요가 있어요. fail뿐만 아니라 부정적인 단어는 되도록 쓰지 않는 게 좋습니다. 그러니까 I failed in ~처럼 직설적으로 말하지 말고, The result was not the best.처럼 부정적인 느낌이 덜 나는 표현으로 돌려 말하는 게 더 좋습니다. 또, fail은 '실망시키다' 내지 '~하지 못하게 하다'라는 의미도 지닙니다. 그래서 Words failed me.라고 얘기하면, '말이 생각나지 않았다', '단어가 생각나지 않았다'는 뜻이 되죠. fail이 지닌 '실망시키다' '도움을 못 주다'라는 쓰임도 기억하기 바랍니다.

- **약속한 선물을 사주지 못해 아이의 기대를 저버린 것 같다.**

I think I've failed my children by not giving the present I promised.

- **용기를 낼 수 있을 때 뭔가 말해야 했다.**

I had to say something before my courage failed me.

- **할 말이 떠오르지 않았다.**

Words failed me.

086 fall

fall for ~라고 하면 어떤 것에 매료된다는 의미다.

fall은 떨어진다는 의미 외에 어떤 것을 좋아하게 된다는 뜻도 지닙니다. fall for ~와 같은 형태로 썼을 때죠. fall for 다음에는 사람이 올 수도 있고, 취미활동 같은 것이 올 수도 있습니다. 무언가를 매우 좋아하게 되었다는 의미에서 좀 더 확장되어, '~에 속아 넘어간다'는 뜻도 지닙니다. 아래 예문들을 참고하세요.

- 우리 딸은 내 얕은 속임수에 넘어가기에는 너무 컸다.

My daughter is already too old to fall for my cheap trick.

- 지나에게 반했다는 것을 고백해야겠습니다.

I have to confess that I have fallen for Gina.

087 feature

'피처링'이라는 외래어를 생각하면 이해가 쉬운 단어다. feature 뒤에 어떤 말이 오는지 주목해야 한다.

feature도 대응하는 우리말 한 단어를 찾기 힘든 동사예요. 예를 들어 A features B라고 하면 'A는 B를 특성으로 한다', 'B가 A의 중요한 일부분이다', 이런 뜻이 되죠. 요새 featuring이라는 표현을 많이 쓰는데, 'featuring 누구'라고 하면 그 누구가 음반이나 영화에 참여했다는 뜻이잖아요? 이와 비슷하게, feature 다음에 어떤 말을 쓰면 그것을 특성으로 한다는 의미가 됩니다. 우리말로 쉽게 번역되지 않지만 쓰임이 빈번한 단어입니다.

- 새 영화에는 톰 행크스와 스칼렛 요한슨이 나온다.

The new film features Tom Hanks and Scarlet Johansson.

- 우리 회사 사장님이 타임지 스페셜 판에 나왔다.

The CEO of our company is featured in TIME Magazine's new special issue.

• feature의 주어들

글: article, edition이번 판에는 ~이 담겨 있다, magazine잡지가 ~을 다루다, menu, newspaper
콘텐츠: advertisement, commercial, film영화에 ~이 나오다, movie, poster, scene장면에 ~이 나오다, show, soundtrack사운드트랙에 ~이 참여하다
이벤트: campaign, exhibition전시회에 ~이 포함되어 있다, festival, museum, performance

• feature의 목적어들

사람: artist, cast, character~라는 캐릭터가 나온다
작품, 콘텐츠: art, article, introduction, photograph사진을 담고 있다, selection, work작품을 포함하고 있다
이벤트: collection, display, exhibit, interview인터뷰가 들어 있다

088 feed

먹이를 준다는 기본 뜻에서 나아가, 어떤 감정을 격화시킨다는 뜻으로도 쓰인다.

feed는 기본적으로 '먹이를 주다'라는 뜻이죠. 실제로 생명체에게 먹이를 주거나 영양분을 공급하여 키우는 경우를 일컫기도 하지만, 생명체가 아니라 감정을 키우거나 격화시킨다는 뜻도 있어요. 부정적인 감정이나 현상을 악화시킨다는 비유적인 표현법도 잘 익히기 바랍니다. 아래 feed의 목적어로 등장하는 단어들을 주목하세요.

• 그는 미디어가 시청자와 독자에게 잘못된 정보를 주입하고 있다고 믿는다.

He believes the media keeps feeding false information to the viewers and readers.

• 화가 난다면, 안 좋은 경험을 생각해서 화를 더 키우지 말아라.

If you are upset, don't feed the anger by thinking about bitter experiences.

• feed의 목적어들

> 감정, 욕망: appetite식욕을 증대시키다, fantasy환상을 키우다, imagination상상을 키우다
> 현상: fire불이 더 타오르게 하다, flame, frenzy광란을 격화시키다
> 정보: misinformation잘못된 정보를 제공하다

089 find

'발견하다'가 아니라 '~라고 생각하다'라는 의미로도 쓰인다.

find는 '발견하다'인데 '~라고 생각하다' 정도 의미도 지닙니다. 예를 들어 How do you find ~? 이런 의문문이 있다면, 여기서 find는 '느끼다', '생각하다'라고 번역하는 것이 가장 자연스럽습니다. 특히 이 단어는 법정에서도 들을 수 있습니다. 미국 법정에서 배심원단은 "우리 배심원단은 피고가 유죄라는 평결을 내렸습니다"처럼 말하는데, 영어로는 We, the jury, find the defendant guilty of ~ 라고 표현합니다. 뭔가를 발견하는 게 아니라 어떤 생각을 하거나 결론에 도달했다는 뜻으로 쓰는 find를 기억하기 바랍니다.

• 자기 자신을 받아들이기가 힘들다고 여길 수도 있다.

You may find it hard to accept yourself.

• 아르바이트만 해서는 적자를 면하기 어렵다는 것을 알았다.

I found it hard to make ends meet only by working part-time.

- 배심원단이 그에게 유죄 평결을 내렸다.

The jury found him guilty.

- find의 주어들

> **사람:** committee, court법정이 ~라는 판결을 내리다, judge판사가 ~라고 판결하다, researcher, scientist, trial~라는 판결이 내려지다
> **정보, 책, 자료:** autopsy부검 결과 ~이다, census, experiment실험 결과 ~이다, poll여론조사 결과 ~이다, report보고서가 ~을 밝혀내다, research, study, survey

090 fit

> 명사, 형용사로도 잘 쓰이는 단어 fit은 '잘 맞는다', '잘 어울린다'는 뜻으로 우선 생각할 동사다.

fit은 어딘가에 잘 맞는다는 뜻입니다. 형용사, 명사, 동사로 모두 쓰이죠. 옷이 잘 맞는다면 This clothes fit me well.처럼 말할 수 있고, 옷이 어울리듯 일이나 장소 등이 맞는다고 할 때도 fit을 활용합니다. fit 다음에 사람을 쓰면 그 사람에게 잘 맞는다는 의미가 되죠. '잘 어울리다'라는 우리말을 영어로 표현할 때 가장 먼저 떠올려 볼 단어입니다. 또, fit 이 들어가는 유용한 표현 중에 fit in이 있어요. fit in은 어떤 집단에서 다른 구성원들과 조화를 이루거나 잘 어울리는 상황을 나타냅니다. 예를 들어 학창시절에 학교생활이 잘 맞았다는 말은 I fit in really well at school.처럼 표현할 수 있습니다.

- 1학년 때 산 교복이 이제 잘 맞지 않는다.

The school uniform I bought in my first year doesn't fit me now.

- 그는 전형적인 교사의 이미지와 맞지 않는다.

He doesn't fit the conventional image of a teacher.

- fit의 목적어들

> **돈, 금액:** budget예산에 맞다
> **기준, 표준:** category범주에 맞다, criterion기준에 맞다, data, definition~라는 정의에 어울리다, expectation예상에 맞다, model, need, preference, profile, requirement요건에 맞다, stereotype전형적인 이미지에 맞다
> **상황, 모습:** description묘사한 것과 같다, image이미지와 맞다, lifestyle, personality, role, situation

091 fix

고치거나 고정한다는 뜻 외에 어떤 것을 준비한다는 의미로도 쓰인다.

fix의 기본 뜻은 '고치다'이고, 명사로 해결책이라는 의미도 지니죠. 고장난 사물을 고치는 것뿐 아니라, 음식을 빨리 준비하는 것도 fix라고 표현합니다. 비슷한 의미로 만남이나 행사를 주선하는 것도 fix라고 할 수 있습니다.

- 브래드 피트를 만나보고 싶으면 내가 만남을 주선해 볼게.

If you want a chance to meet Brad Pitt, I can fix it.

- 내가 배고프다고 하니 엄마가 금방 샌드위치를 만들어 주었다.

When I said that I was hungry, my mom quickly fixed a sandwich for me.

- fix의 목적어들

> **음식:** snack간식을 준비하다
> **약속, 시간:** appointment약속을 정하다, date날짜를 잡다, time

092 fly

'비행기를 탄다'를 fly만으로 간단하게 표현할 수 있다.

fly는 '날다'라는 뜻이죠. 영어에서는 비행기를 타는 것도 fly라고 합니다. 비행기를 타면 당연히 날아가지만 한국어에는 비슷한 표현 방식이 없죠. 그래서 Do you fly often?은 '비행기를 자주 탑니까?'라는 질문입니다. 매우 쉬운 단어인데도 비행기 여행을 말할 때 잘 떠올리지 못하는 동사이니 기억하고 활용해 보기 바랍니다.

- 난 내일 비행기로 마카오에 간다.

I'm flying to Macau tomorrow.

- 이번에 퍼스트 클래스를 처음 타는 거다.

This is my first time flying first class.

- 대형 여객기는 조종해 본 적이 없습니다.

I have never flown a large passenger plane.

093 follow

움직이며 어떤 것을 따라간다는 의미뿐 아니라, 추종하거나 추구한다는 의미로도 잘 쓰이는 단어다.

follow는 물리적인 대상을 따라가는 것뿐 아니라 유행, 지침, 감정 등을 따른다고 할 때도 유용한 동사입니다. 아래 follow의 콜로케이션 리스트를 참고하세요. 또, follow에는 어떻게 진행되고 있는지 지속적인 관심을 갖는다는 의미도 있어요. 대표적인 표현이 follow politics입니다. Do you follow politics?는 지금 정치권에서 무슨 일이 일어나고 있는지 쭉 관심을 갖고 지켜보고 있냐는 뜻입니다. 시류에 뒤떨어지지 않게 어떤 것을 계속 좇아가며 알고 있다는 뜻의 follow도 활용해 보기 바랍니다.

- 야구에 관심 많으세요?

Do you follow baseball?

- 의사의 조언에 따라 금연을 하기로 했다.

He followed the doctor's advice and decided to quit smoking.

- follow의 목적어들

> **지침, 기준, 원칙**: advice, belief, clue, code, convention관습을 따르다, curriculum커리큘럼을 따르다, custom, example, formula공식을 따르다, guidance안내를 따르다, guideline, instruction, law, order, plan, policy, precedent선례를 따르다, procedure, recipe, recommendation, rule, sign, step, strategy, suggestion, teaching, tip, tradition, vocation소명을 따르다
> **생각이나 느낌**: conscience양심을 따르다, dream꿈을 좇다, heart마음이 가는 대로 하다, hunch육감대로 하다, impulse충동을 따르다, instinct
> **길, 방향**: approach, fashion유행을 좇다, flow흐름을 따르다, herd무리를 따르다, logic, method, path, pattern, route, routine, sequence순서를 따르다, style, trend

094 forgive
부채를 탕감한다는 뜻도 지닌다.

forgive는 '용서하다'라는 뜻이지만, 빚과 관련해서는 '부채를 탕감해 주다'라는 의미가 있어요. cancel debt도 같은 뜻입니다. 빚과 관련해서 쓰일 때의 의미를 기억해 두면 되겠습니다.

- 그의 핵심 공약은 농가 부채 탕감이었다.

His key campaign pledge was to forgive the debt of farming households.

- 일부 학생의 부채만 탕감해 주면 형평성 문제가 제기될 수 있다.

An issue of equity can be raised if you forgive the debt of some college students.

095 free

구동사 free up은 시간, 공간적 제약에서 벗어나게 한다는 뜻이다.

형용사로 익숙한 free는 동사로 '자유롭게 하다'라는 뜻이 있어요. 그래서 free up이라고 하면 시간이나 공간을 자유롭게 하다, 즉 여유 시간이나 공간을 확보하는 것을 일컫습니다. 특히 컴퓨터에서 빈 공간을 늘린다는 뜻으로 쓰이죠. 아래 예문처럼 예산을 확보하는 것도 free up이라고 할 수 있습니다. up까지 붙인 free up의 쓰임을 기억하기 바랍니다.

• 재택근무를 하면서 가족과 지내는 시간이 많아졌다.

Working from home freed up more time to spend with my family.

• 어려움을 겪고 있는 농업을 지원하기 위해 정부가 수조 원의 돈을 마련하겠다고 발표했다.

The government has announced that it will free up trillions of won to support suffering agriculture industry.

• free up의 목적어들

시간: time
공간: space
돈, 자원: capital, money, resources

Exercise 2

▶ 다음 빈 칸에 가장 잘 어울리는 단어를 고르세요.

1. 그렇게 일을 아랫사람에게 나눠주지 않고 혼자 하다가는 얼마 안 가서 지쳐 쓰러질 거다.

If you don't _____ the work to someone below you and do it alone, you'll soon collapse from exhaustion.

①deliver ②deposit ③delegate ④charge

2. 아직도 전 세계 많은 여성들이 기본적인 교육의 기회조차 제공받지 못하고 있다.

Still, many women around the world are _____ the basic opportunities for education.

①denied ②given ③deprived ④granted

3. 그가 범인일 수 있다는 주장을 묵살하고 엉뚱한 수사를 계속한 경찰의 책임이 크다.

The police are largely responsible for _____ the claim that he could be the culprit and continuing the erratic investigation.

①acknowledging ②upholding ③demanding ④dismissing

4. 앞으로는 새로운 기술을 빨리 수용하는 기업만이 무한 경쟁에서 살아남을 수 있을 것이다.

In the future, only companies that quickly _____ new technologies will be able to survive the fierce competition.

①embrace ②afford ③advance ④confess

5. 의학기술이 발달하고 평균수명이 길어지면서, 은퇴연령도 늦춰져야 한다는 생각이 많다.

As medical technology _____ and average life expectancy increases, many think that the retirement age should be delayed.

①absolves ②resolves ③evolves ④involves

6. 번역 사이트들을 적절히 활용하면 번역 작업이 훨씬 수월해질 것이다.

Proper use of translation sites will _____ your translation work.

①facilitate ②alienate ③differentiate ④deliberate

7. 지금 내게 딱 맞는 것 같지 않은 일이라도, 꾸준히 하다 보면 흥미가 생길 수 있다.

Even if it doesn't seem to _____ you right now, if you keep doing it, you can become interested.

①fit ②hit ③pit ④sit

8. 먼저 회사에 다닐 때는 한 달에 두어 번은 출장 때문에 비행기를 탔던 것 같다.

In my previous company, I think I _____ a couple of times a month for business trips.

①flew ②boarded ③airplaned ④drove

9. 재택근무를 통해 아이를 돌볼 시간을 더 확보할 수 있었다.

Working from home _____ up more time to take care of my children.

①freed ②made ③got ④took

▶ **정답 및 해설**

1 **delegate**는 파견한다는 뜻이지만 일을 분배한다는 의미로도 쓰인다. **deliver**는 전달하거나 배달한다는 뜻이므로 여기에는 적당하지 않다.

2 **deny**는 4형식 동사로 쓰여, '~에게 ~을 주지 않다'라는 의미를 표현한다. **deprive**도 박탈한다는 뜻을 지니지만, **deprive A of B**의 형태로 쓰여야 'A에게서 B를 빼앗다'라는 의미가 되므로 답이 될 수 없다.

3 **dismiss**는 묵살하거나 무시한다는 뜻으로도 잘 쓰인다. **uphold**는 어떤 가치를 지지하거나 수호한다는 뜻이다.

4 어떤 가치나 기술을 포용하는 것을 **embrace**라고 하므로, '수용하다', '받아들이다'라는 의미로 활용할 수 있다.

5 '진화'는 곧 '발전'을 의미하므로, **evolve**는 **develop** 대신 쓸 수 있는 동사다.

6 **facilitate**은 '~을 수월하게 만들다'라는 뜻을 지닌다. **alienate**는 소외시킨다는 뜻이고, **differentiate**는 차별화한다는 의미다.

7 **fit**은 동사, 형용사, 명사로 모두 쓰인다. '~에 잘 맞는다'라고 할 때 우선 떠올려 볼 단어다.

8 비행기를 타는 것을 간단히 **fly**로 표현할 수 있다. **board**도 탑승한다는 뜻이 있지만, 비행기 타는 것만을 일컫지는 않는다.

9 시간이나 공간을 확보하는 것을 **free up**이라고 표현할 수 있다.

정답 1 ③ 2 ① 3 ④ 4 ① 5 ③ 6 ① 7 ① 8 ① 9 ①

G~O

096 generate
뭔가를 만들어 낸다고 할 때 가장 대표적으로 쓰이는 단어

앞서 create를 설명하면서, 반드시 창조적인 것이 아니더라도 어떤 것을 만들어 내면 create로 표현할 수 있다고 얘기했습니다. generate도 마찬가지죠. 특히 generate electricity처럼 전기를 생산한다는 의미로 잘 쓰이지만, 그 외에 매우 다양한 목적어를 취하는 동사입니다. 아래 목적어 리스트를 참고하기 바랍니다.

- 여당은 그 법을 제정할 만큼의 충분한 지지를 끌어내지 못했다.

The ruling political party has failed to generate support to enact the law.

- 이 부문에서만 매년 10억원 이상의 매출이 발생할 것으로 예상된다.

This sector alone is expected to generate more than one billion won of revenue stream every year.

- generate의 목적어들

> 현상: buzz유행을 일으키다, demand수요를 만들다, image이미지를 만들다, momentum탄력을 붙이다, noise, pollution오염을 유발하다, response, support, tension, traffic, waste
> 정보: data, idea아이디어를 생각해내다, result결과를 만들다
> 에너지: electricity전기를 발전하다, energy, heat, power
> 돈, 이익, 매출: cash현금수익을 일으키다, income소득을 만들어내다, interest, profit이익을 내다, return, revenue매출을 일으키다, sale, surplus, wealth
> 부정적인 감정: confusion혼란을 일으키다, controversy논쟁을 일으키다, pressure
> 긍정적인 감정: enthusiasm열정이 생기게 하다, excitement, motivation, sympathy

097 grant

give보다 좀 더 구체적으로, 혜택이나 보조금 등을 준다고 할 때 쓰인다.

우리말 '주다' 해당하는 영어 단어도 다양해요. 우리말도 어떤 것은 '준다'고 하고 어떤 것은 '수여한다'고 하고 어떤 것은 '공유한다'고 하잖아요. 마찬가지로 영어도 무엇을 주느냐에 따라 동사들이 다양하고, 어려운 동사들도 많습니다. grant도 준다는 뜻인데, 혜택을 주거나, 특히 정부가 보조금을 주는 것을 말할 때 잘 등장합니다. grant 다음에 어떤 단어가 나오는지 아래 예를 눈여겨보기 바랍니다.

- 그 기업은 원유 채굴을 계속할 허가를 받았다.

The company has been granted a license to continue oil drilling.

- 당국은 그의 입국 비자 승인을 거부했다.

The authorities have refused to grant him a visa to visit the country.

- grant의 주어들

> authority당국, court법원, government정부, judge판사

- grant의 목적어들

> 허가, 허락: admission입학을 허가하다, amnesty사면을 하다, approval, asylum망명을 허락하다, consent동의하다, exemption, license, pardon사면하다, patent, permission, permit, tenure
> 돈: allowance수당을 주다, compensation보상하다, loan, subsidy보조금을 주다
> 지원: award, concession양보하다, extension, relief
> 권리, 권한: authority, credit, freedom, independence독립하게 하다, parole가석방하다, power, privilege, right
> 자격: citizenship시민권을 주다, membership, nationality국적을 부여하다, visa

098 handle
처리하고 다룬다고 할 때 가장 먼저 떠올릴 단어

어떤 것을 처리한다고 할 때도 다양한 동사를 생각할 수 있습니다. 예를 들어 deal with 같은 구동사도 있지만, handle도 유용합니다. handle 동사 하나만으로 처리한다는 뜻을 간결하게 전달할 수 있죠. '처리하다'를 영어로 표현하려면 handle을 우선 떠올려 보기 바랍니다.

- 걱정하지 마. 내가 처리할 수 있어.

Don't worry about it. I can handle it.

- 하루에 500 개의 항의 메일까지 처리해 본 적이 있다.

We handled up to 500 complaining e-mails per day.

- handle의 목적어들

> **감정:** criticism비판에 대처하다, disappointment, emotion, pressure압력에 대처하다
> **일:** case사건을 다루다, challenge힘든 일을 다루다, chore, complaint불평을 다루다, crisis위기에 대처하다, data, detail, disaster, emergency비상상황에 대처하다, finance, incident, inquiry문의를 다루다, job, matter, paperwork서류작업을 하다, problem, request, situation, stress스트레스를 다루다, task, workload
> **관계:** conflict갈등에 대처하다, disagreement의견차를 다루다, dispute, negotiation, relationship

099 head
head를 동사로 쓰면 어떤 방향으로 나아간다는 의미다.

사람의 머리가 향하는 방향이 나아가는 방향이기 때문에, head는 '어디로 향하다'라는 뜻의

동사로 쓰입니다. 예를 들어 The birds are heading south.처럼 head 다음에 방향을 쓰면 그곳으로 간다는 의미이고, head out은 밖으로 나간다는 뜻이죠. 사무실에서는 퇴근한다는 의미로 쓰이기도 합니다.

- 10분쯤 더 있다가 나갈(퇴근할) 생각이야.

I'm going to stick around ten more minutes and head out.

- 집으로 돌아가자.

Let's head back home.

- 주식 시장이 하락장을 향해 가고 있다고 그는 말했다.

He said that the stock market is headed for a downturn.

100 hit

hit은 다양한 단어와 어울릴 수 있는 기본 동사다.

hit과 같은 기본 동사일수록 뜻이 많죠. hit 다음에 어떤 장소나 사물을 쓰면 그와 관련된 행동을 표현하게 됩니다. 예를 들어 hit the sack, hit the pillow는 잠을 잔다는 뜻이고, hit the screen은 '영화가 개봉하다', hit the stage는 '공연을 하다'이죠. 특히 구어에서 매우 빈번하게 등장하는 쓰임입니다. 아래 콜로케이션 리스트를 참고하기 바랍니다.

- 올 하반기에 톰 크루즈의 새 영화가 개봉한다.

Tom Cruise's new movie will hit the screen in the second half this year.

- 그의 자서전은 작년 출간 이후 백만 부가 넘게 팔렸다.

His memoir sold more than one million copies since it hit the shelves last year.

• **hit의 목적어들**

> **사물, 장소:** brake브레이크를 밟다, headline헤드라인을 장식하다, jackpot대박이 나다, market시장에 출시되다, milestone중요한 목표에 도달하다, peak피크를 찍다, pillow잠자리에 들다, road출발하다, sack잠자리에 들다, shelf상품이 진열되다, shore바닷가에 가다, slope스키를 타러 가다, stage공연하다, store상점에 출시되다
> **시점:** puberty 사춘기가 되다

101 hope

> hope와 wish를 혼동하지 않도록 주의해야 한다. 우리말 '~하기를 희망합니다'는 hope로 말해야 맞다.

'~ 하기를 바란다'라고 할 때, hope과 wish를 헷갈리기 쉽습니다. wish는 정말 소망하는 것을 말하거나, 소위 '가정법 문장', 즉 일어날 확률은 낮지만 희망사항을 표현하는 문장에 써야 합니다. 반면 hope는 그냥 '희망한다'라는 뜻이죠. 그래서 I hope ~라고 하면 우리말로 '~하면 좋겠습니다' 정도 의미가 됩니다. 우리가 이메일에서 정중하게 '~하기를 희망합니다'라고 말할 때는 wish가 아니라 hope을 써야 합니다.

• **잘 지내고 계시죠?**

I hope you are doing well.

• **내가 당신을 생각한다고 말할 때 그 말이 얼마나 진심인지 알아주기 바랍니다.**

I hope you understand how much I mean it when I say that I'm thinking of you.

102 house

동사로 쓰면 '보관/수용/소장하다'라는 뜻이다.

house는 동사로도 쓰입니다. 이 때는 '사람이나 시설을 수용하다'라는 뜻이에요. 얼마만큼의 관객/관중/손님을 수용할 수 있다고 말할 때 house를 활용할 수 있습니다. 또, 어떤 시설을 포함하고 있다는 말도 동사 house로 표현할 수 있습니다. 아래 예문을 참고하기 바랍니다.

- 한 때는 이 호텔에 카지노가 있었다.

This hotel once housed a casino.

- 그 박물관에는 송나라의 예술품들이 다수 전수되어 있다.

The museum houses various Song Dynasty artifacts.

- house의 주어들

> 건물, 시설: building, facility, gallery, museum박물관에 어떤 작품이 있다

- house의 목적어들

> 전시, 이벤트: collection, exhibition전시회를 하다, museum어떤 건물에 박물관이 있다
> 사람: refugee난민을 수용하다

103 hurt

help의 반대말로 기억하자.

hurt는 '상처를 주다'라는 뜻으로 익숙한데, '해가 되다'라는 의미도 지녀요. 아래 콜로케이션

리스트에 나오지만, 비즈니스, 더 나아가 추상적인 가치에 해를 입히는 경우도 모두 hurt를 활용할 수 있습니다. 또, 목적어 없이 동사 hurt만 쓰는 경우도 많고, 이 때 같이 잘 붙어다니는 단어가 help입니다. hurt의 반대말로, 도움이 된다는 뜻이죠. 그래서 Will it help or hurt? 라고 하면 '도움이 되느냐 해가 되느냐'라는 뜻입니다. hurt와 help를 함께 기억하면 되겠습니다.

- 매우 어려울 거라는 점은 알지만, 시도해서 나쁠 건 없잖아.

I know it would be very difficult, but it won't hurt to try.

- 엄격한 훈육이 아이에게 도움이 될까 해가 될까?

Would it help or hurt if you discipline your child strictly?

- hurt의 목적어들

> **신체:** ankle, arm, back, ear, knee
> **명성이나 자존심:** credibility신뢰에 금이 가다, ego자존심에 손상을 가하다, pride, reputation명성에 먹칠을 하다
> **가능성, 기회:** chance, opportunity
> **기분:** feeling, mood, morale사기를 저해하다
> **경제, 비즈니스, 이익:** business, economy경제에 타격을 주다, industry, sale, tourism 관광 산업에 타격을 주다

104 implement

'실천하다', '실행하다'를 영어로 표현할 때 execute처럼 쓰이는 단어다.

앞서 '실천하다'의 대표 단어로 execute를 소개했는데요, 같은 뜻으로 쓰는 단어에 implement도 있습니다. 아이디어나 계획 같은 것을 실행에 옮긴다고 할 때 execute와 implement를 우선 떠올려 보기 바랍니다.

- 이제 문제는 열악한 노동 환경에 노출된 아이들을 구제할 계획을 어떻게 실행할 것

인가이다.
Now the question is how to implement the plan to save children exposed to dire working conditions.

• 정당 스스로 굵직한 정치개혁을 하기는 어렵다.
It's very hard for political parties to implement major political reform.

• implement의 목적어들

> **해결책, 방안:** approach접근법을 쓰다, idea, initiative, measure, method, plan, policy, project, recommendation, scheme계획을 실행하다, strategy, vision비전을 실행하다
> **변화:** change, reform
> **법, 규정, 관습:** control, decision, guideline지침을 실행하다, law, penalty, practice, procedure, program, system

105 impose
처벌, 세금 등 받는 사람 입장에서 달갑지 않은 것을 가한다는 뜻으로 쓰이는 동사

impose는 부담이 되는 어떤 것, 예를 들어 세금, 제한, 의무 등을 부과한다는 뜻이에요. 아래 콜로케이션 리스트에서 보듯 다양한 단어들이 올 수 있습니다. impose라는 단어의 뜻만 기억하지 말고, 어떤 목적어들이 뒤따르는지 그 쓰임을 생각하는 것이 더 중요합니다.

• 정부는 담배세를 높이기로 했다.
The government has decided to impose a higher tax on cigarettes.

• 규정을 어긴 포털 사이트에 과징금을 부과하기로 했다.
Those portal sites that violated regulations will be imposed penalties.

• impose의 주어들

법, 규정: regulation, statute법규에 의해 ~을 부과하다
권위를 지닌 존재: judge판사가 ~을 부과하다

• impose의 목적어들

금지, 처벌: ban, censorship검열하다, curfew통금을 시행하다, fine벌금을 물게 하다, penalty, prohibition, punishment, sanction제재를 가하다
법, 규정, 의무: burden부담을 지우다, control, deadline, demand, discipline규율을 지키게 하다, limitation제한을 두다, martial law계엄을 선포/시행하다, measure, obligation, order, quota쿼터를 두다/제한적으로 할당하다, regulation, requirement, restraint제한을 두다, restriction제약하다, rule
세금, 관세: tariff관세를 부과하다, tax

106 incorporate

전체의 일부로 받아들이고 포함시킨다는 뜻으로 쓰이는 단어

incorporate는 '포함시키다'라는 뜻입니다. 이 뜻으로 include가 우선 생각나지만, 뭔가를 중요한 요소로 어떤 것에 포함시킨다고 할 때 incorporate이라고 말합니다. 예를 들어 어떤 창작자가 '다른 사람의 작품을 많이 접하고 그 장점을 내 것으로 받아들였다'처럼 말할 때, '받아들이다'에 해당하는 단어가 incorporate입니다. 어려워 보이지만 일상에서도 얼마든지 쓸 수 있습니다. 아래 예문을 통해 정확한 의미를 이해하기 바랍니다.

• 그의 음악을 많이 듣고 내 연주에 반영하고자 노력했다.

I listened to a lot of his music and tried to incorporate it into my own style.

• 그 IT 대기업의 본사 건물 디자인은 많은 친환경적 요소들을 담고 있다.

Various environmentally friendly features were incorporated into the design of the tech giant's headquarter building.

- incorporate의 목적어들

> 구성 요소: component요소를 포함하다, element, ingredient구성요소를 포함하다
> 정보, 내용: feature특성을 지니다, information, principle원칙을 담고 있다, technology

107 incur
손해, 비용 등 부정적인 부담을 지게 된다고 할 때 우선 떠올릴 단어

앞서 impose가 부담이 되는 것을 부과하는 경우를 말한다면, incur는 반대로 그런 부담을 지게 되는 상황을 일컫습니다. impose는 가하는 입장, incur가 당하는 입장이라고 보면 이해가 쉽습니다. impose처럼 손해, 비용, 부담 등을 나타내는 단어가 목적어로 나오죠. 아래 예문과 목적어 리스트를 참고하기 바랍니다.

- 패소하면 엄청난 법적 비용을 부담하게 된다.

You will incur an enormous amount of legal fees, if you lose.

- 코로나 사태가 터지면서 여행사들이 막대한 손실을 입었다.

After the outbreak of the Covid-19, tourism agencies incurred heavy losses.

- incur의 목적어들

> 손해, 상해: casualty사상자가 발생하다, damage손해를 입다, injury
> 비용, 돈: cost비용 부담을 지다, debt, expenditure지출/경비 부담을 지다, expense,

fee, loss
처벌: penalty처벌을 받다

108 indicate

무생물주어 구문에 잘 등장하는 동사. 어떤 점을 잘 말해준다고 할 때 유용하다.

영어의 특성 중 하나가 무생물 주어 구문이죠. 우리말 같으면 '연구에 의하면 ~이다'라고 할 텐데, 영어로는 '연구는 ~을 드러낸다'라고 표현합니다. 드러내는 주체가 사람이 아니어도 주어 자리에 오는 거죠. '드러낸다'라고 할 때 동사 자리에 오는 단어가 show나 indicate입니다. 이렇게 indicate는 무생물 주어 구문에 빈번히 등장하는 동사입니다. 바꿔 말하면, 무생물 주어 구문을 잘 쓰려면 꼭 기억해야 할 동사이죠.

- 나트륨을 적정량 섭취하는 것이 건강에 좋다는 연구들이 있다.

Research indicates that taking in an optimal level of sodium is good for health.

- 최근 발표된 수치들에 의하면 청년 실업률은 아직도 떨어지지 않고 있다.

The latest figures indicate that youth unemployment is not decreasing.

- indicate의 주어들

연구, 분석: analysis, article, census, document, evidence, examination, experiment, finding발견한 사실에 의하면 ~이다, report, research, result, review, study, survey, test, trend트렌드는 ~을 보여준다
수치: data, estimate추산한 바에 의하면 ~다, example, figure, poll, record, score, statistics통계에 의하면 ~다
그림, 도형, 차트: chart, diagram도표는 ~을 나타낸다, graph

• indicate의 목적어들

관계: correlation상관관계를 보여준다, link연관성을 보여준다
문제: decrease하락했음을 보여준다, inability~할 능력이 없음을 보여준다, need~할 필요성을 보여준다, problem, risk
사실: existence~이 존재함을 보여준다, extent얼마나 ~한지 보여준다, position
경향, 상태: desire, difference, importance, improvement, preference, readiness, reluctance, shift변화를 보여준다, trend, turning point

109 influence
영향을 미친다고 할 때 가장 먼저 떠올릴 동사

앞에서 '영향을 미치다'를 표현하려면 affect, impact를 먼저 떠올려 보자고 설명했는데요, 같은 뜻으로 자주 등장하는 단어에 influence도 있습니다. affect는 동사로만 쓰이고, impact, influence는 동사와 명사 뜻을 모두 지닌다는 점이 다릅니다.

• 지미 헨드릭스의 영향을 안 받은 록 기타리스트가 있는가?

Is there any rock guitarist who's not influenced by Jimi Hendrix?

• 유권자들은 후보와 고향이 같은지에 따라 큰 영향을 받는다.

Voters are strongly influenced by whether the candidate's hometown is the same as theirs.

• influence의 목적어들

태도, 마음가짐, 행동: attitude, behavior, development, direction, performance성과에 영향을 미치다, probability
생각: debate, expectation, judgement, thinking
결과: choice, decision, design, election, fate운명에 영향을 미치다, future,

likelihood가능성에 영향을 미치다, outcome결과에 영향을 미치다, policy, process, response, result, situation, success
관습, 제도: politics, practice, preference~을 선호하는 데 영향을 미치다

110 inform

'알려주다'라고 할 때 가장 먼저 떠올릴 동사다. 과거분사형 informed도 유용하다.

information이 익숙하기 때문에 inform도 쉽게 기억할 수 있는 단어입니다. inform은 어떤 것을 '알려준다'라고 할 때 유용하게 쓸 수 있어요. '~에게 어떤 사실을 말해준다'라고 할 때 동사 tell을 활용할 수도 있지만, 'inform 사람 of 내용'의 형태로 표현할 수도 있죠. 그리고 이 inform을 과거 분사로 만들어 informed라고 하면 알고 있는 '상태'를 얘기합니다. 그래서 well-informed는 잘 알고 있는 상태를 말하죠. He was well-informed of the danger.는 '그는 위험에 대해 잘 알고 있는 상태였다'라는 말이 됩니다. 어떤 것에 대해 정보를 주거나 알려준다고 할 때는 inform부터 떠올려 보기 바랍니다.

• 어떻게 되고 있는지 계속 알려줘.

Keep me informed.

• 면접 대상에서 탈락되었다는 사실을 알려드리게 되어 유감입니다.

We regret to inform you that you have not been selected for the interview.

111 initiate

'시작하다'인데, begin과 달리 중요한 일 등을 주도해서 개시한다는 뜻으로 쓴다.

initiate은 어떤 것을 시작한다는 뜻이에요. 물론 begin, start 같은 단어를 써도 좋지만, 특히 주도권을 지니고 어떤 프로젝트 같은 것을 시작한다고 할 때는 initiate로 표현할 수 있습니다. 아래 콜로케이션 리스트를 참고하기 바랍니다.

- 미국의 중재로 평화협상이 시작되었다.

Peace talks have been initiated by the mediation of the US.

- 한국에서 서울이 처음 쓰레기 재활용을 시행했다.

Seoul was the first city in Korea that initiated recycling programs.

- initiate의 목적어들

> **행동, 해결책:** action, change, effort, investigation, legislation법률 제정을 주도하다, litigation소송을 진행하다, move~하는 움직임을 주도하다, offence공격을 개시하다, proceedings법적절차를 진행하다, reform개혁을 주도하다, search
> **캠페인, 프로젝트, 계획:** campaign, movement, process, program, project, scheme 계획을 시행하다
> **논의, 토론:** conversation, discussion, talk

112 inspire

inspire를 항상 '영감을 주다'라는 의미라고 생각해서는 안 된다. '힘이 되어 주다' 정도의 뜻으로 쓰이는 경우도 많다.

inspire를 사전에서 찾으면 '영감을 주다'라고 나오기 때문에 예술과 관련해서만 쓰는 것처럼 생각하기 쉬운데, 우리말로 쉽게 표현하면 '교훈을 주다', '힘을 내게 해주다' 정도 의미입니다. 예를 들어 어려움이나 장애를 극복한 사람의 이야기는 우리를 inspire하죠. 고난이나 어려움을 극복한 이야기가 '영감을 준다'라고 말하지는 않잖아요? 역경을 극복한 스토리와 관련하여 등장하는 inspire의 의미를 기억해 두기 바랍니다.

- 장애를 극복한 그의 이야기는 정말 감동적이었다.

His story of overcoming disabilities was really inspiring.

• 많은 어린이들이 그녀에게 영향을 받아 피겨스케이팅을 시작했다.

She inspired many children to start figure skating.

• 그 영화는 실제 이야기에서 영감을 얻은 것이다.

The movie was inspired by real events.

113 instill

어떤 태도나 자세를 지니게 만든다는 뜻으로 쓸 수 있는 동사

instill은 어떤 태도나 자세를 주입한다는 뜻이에요. 주입하는 내용이 꼭 부정적일 필요도 없고 긍정적일 필요도 없습니다. 어떤 태도나 자세 같은 것이 생기게 만든다면 instill로 표현할 수 있습니다.

• 교사로서, 어린 학생들에게 평생교육 개념을 알려주는 것이 중요하다고 생각합니다.

As a teacher, I think it's important to instill the idea of lifelong learning into the minds of young students.

• 성장 과정에서 부모님이 중시한 가치를 내 아이들에게도 알려주기 위해 노력하고 있다.

Just as my parents did, I try to instill in our children the values that I grew up with.

• instill의 목적어들

> **확신, 결심:** confidence확신을 불어 넣다, determination굳은 의지를 지니게 하다, enthusiasm열정을 심어 주다
> **두려움:** fear두려움을 갖게 하다
> **태도:** discipline절제력을 길러 주다, sense, spirit~정신을 불어 넣다, manners예의범

절을 가르치다

114 **integrate**
사회나 집단에 잘 동화된다고 할 때 유용한 동사

integrate은 '통합하다'라는 뜻입니다. 예를 들어 After the merger, the services of the two companies will be integrated.는 '합병이 되고 나면 두 기업의 서비스가 통합될 것이다'라는 의미이죠. 또, integrate into하고 하면, 잘 동화되거나 섞인다는 의미입니다. 예를 들어 이민자가 어떤 사회에 잘 적응하고 동화된다는 말은 integrate into로 표현할 수 있습니다.

- 탈북자가 우리 사회에 잘 적응할 수 있도록 정부가 정책을 펼쳐야 한다.

The government should implement measures to help North Korean defectors to integrate into our society.

- 특수 교육이 필요한 아동들을 일반 학교에 다니도록 하는 것은 장단점이 있다.

Integrating children with special needs into ordinary schools has pros and cons.

115 **introduce**
기술이나 제도를 도입한다고 할 때 우선 떠올릴 단어다. accept, embrace도 함께 기억하자.

introduce는 '소개하다'인데, 사람을 소개하는 경우에도 쓰고, 제도 등을 도입한다는 뜻도 있죠. 어떤 제도, 기술, 시스템을 도입하는 경우 introduce라고 표현할 수 있어요. 그런데 이 '도입한다'를 너무 introduce만으로 표현하는 경향이 있습니다. introduce라고 하지 않고 받아들이거나 포용한다는 뜻으로 accept나 embrace 같은 동사를 써도 좋습니다. '발전하다'와 마찬가지로, '도입하다'도 다양한 동사로 표현해 보기 바랍니다.

- 그 회사는 영업사원을 위한 새로운 보상 제도를 도입했다.

The company has introduced a new compensation system for sales staff.

- 정부는 인공지능의 불법적 활용을 금하는 법안을 도입했다.

The government introduced a bill to ban using AI for illegal purposes.

- **introduce의 목적어들**

> **법, 규정:** amendment개정안을 도입하다, bill법안을 도입하다, law법을 도입하다, regulation, restriction제한을 시행하다
> **제도:** ban금지를 시행하다, initiative새로운 안을 도입하다, measure, policy, practice~을 관례로 삼다, system
> **세금, 관세:** tariff, tax
> **변화, 신개념:** change, concept, idea, innovation혁신을 도입하다, technique, technology, theme

116 invest

'금전'이 아니라 '노력'이나 '시간'을 투자한다고 할 때도 쓸 수 있는 단어다

한국어에서 노력이나 시간을 투입하는 것을 '투자한다'라고 하는데, 영어도 마찬가지입니다. 금융과 관련되지 않더라도 시간이나 노력을 투입하는 경우 invest로 표현할 수 있습니다. 돈 이외의 단어를 목적어로 삼아 활용해 보기 바랍니다.

- 내 첫 책을 내는 데 많은 노력을 쏟아 부었다.

I invested a lot of effort in my first book.

- 내가 투자한 시간과 에너지는 어떻게 보상 받나요?

How can I get compensated for the time and energy I invested?

- invest의 목적어들

> **돈, 자본:** capital, fund, money, saving저축을 ~에 투자하다
> **노력:** effort, energy
> **시간:** time

117 involve

'관여'라는 의미를 표현할 때 활용하지만, 사회 참여적인 태도, 특히 정치에 관심을 갖는 태도를 말할 때도 쓴다.

회사에서 여러 사람과 일할 때, 'involve시킨다', '누가 involve한다', 이런 말을 많이 쓰기 때문에 꽤 익숙한 단어이죠. 관여하거나 개입하는 것은 모두 involve라고 표현할 수 있습니다. 의미가 더 확장되어, 사회 참여적인 태도, 즉 정치와 사회 문제에 관심을 갖는 태도를 일컬을 때도 involve를 활용할 수 있습니다.

- 나는 오늘날 젊은이들이 정치에 더 관심을 지녀야 한다고 생각한다.

I think young people today should be more politically involved.

- 계획에는 저소득층 지원 기금 조성안이 담겨 있다.

The plan involves the creation of a fund to help low-income families.

- 새 정책은 회사로부터 급여를 받는 모든 사람에게 적용된다.

The new policy involves everyone who's working under the company payroll.

• **involve의 주어들**

> **사건, 범죄:** case사건에 ~이 연루되어 있다, crime범죄에 ~가 연루되어 있다, incident, scandal
> **계획, 프로그램:** deal거래의 내용/당사자는 ~이다, initiative계획은 ~에 관한 것이다, method, plan, program, scheme, strategy, task
> **연구, 조사:** research연구는 ~에 관한 것이다, training, work
> **이야기:** dispute논쟁은 ~에 관한 것이다 / 논쟁에는 ~이 참여하고 있다, story, tale

• **involve의 목적어들**

> **위험 등 부정적 결과:** danger위험을 감수해야 한다, risk
> **돈, 비용:** expenditure비용이 들어간다, expense
> **변화:** element요인과 관련되어 있다, increase증가와 관련되어 있다
> **노력:** paperwork서류작업을 필요로 한다, sacrifice희생이 필요하다

118 join

회사에 입사한다고 할 때는 enter가 아니라 join이 자연스럽다.

join은 참여한다는 뜻이죠. 내가 어떤 집단의 일부가 된다면, 그건 다 join이라고 말할 수 있습니다. 그래서 회사에 입사하는 것도 join the company처럼 말하면 됩니다. '회사에 들어가다'라는 우리말 때문에 enter로 표현하는 경우가 많은데, 가장 자연스러운 단어는 join입니다.

• **2020년에 영업사원으로 OO보험에 입사했다.**

I joined OO Insurance as a salesman in 2020.

- 2000년에 입사해서 지금까지 다니고 있다.

I joined this company in 2000 and have since worked there.

- join의 목적어들

> **단체, 모임, 집단**: academy, alliance연합에 참여하다, army군에 입대하다, band, battle, business, cabinet내각에 참여하다, campaign, cast, choir, church특정 교회에 다니다, club, coalition연대에 참여하다, company입사하다, conversation대화에 참여하다, course, crew, crowd, debate논쟁에 참여하다, demonstration, department부서에 들어가다, faculty~의 교사/교수가 되다, fight, force힘을 합하다, gym헬스장에 등록하다, institute, league, list, meeting, military군에 입대하다, militia민병대에 가입하다, profession어떤 직업을 선택하다, race, ranks~의 대열에 합류하다, team, union
> **분위기**: celebration함께 축하하다, festivities축제 분위기를 함께 즐기다, flow흐름에 동참하다, mainstream주류의 일부가 되다, majority다수의 일부가 되다, network, panel패널에 참여하다, party정당에 가입하다
> **계획**: boycott불매운동에 참여하다, cause~라는 명분을 함께 하다, conspiracy공모하다, movement, scheme, strike파업에 참여하다, struggle

119 judge

객관적이고 냉정한 판단이 아니라 지레 짐작하는 것을 말할 때도 유용하다.

judge는 판단한다는 뜻이죠. 그래서 판사를 judge라고 하고, 판사가 판결을 내리는 것도 동사 judge로 표현할 수 있습니다. 또, 경기나 콘테스트에서 판정을 내리는 사람들도 judge라고 합니다. 이렇게 판결을 한다는 의미를 지니다 보니, 객관적인 평가를 내리는 경우에만 judge를 쓴다고 생각하기 쉬운데, 일상 회화에서 judge는 '섣부른 판단'이나 '예단'을 표현하는 경우가 많습니다. 그래서 judge의 형용사형인 judgmental을 활용해 I don't want to be judgmental.이라고 하면 '내가 섣부른 판단을 하고 싶진 않지만'이라는 의미가 됩니다. 판정단이나 사법부의 일원으로서가 아니라면, judge는 객관적이지 않게 예단한다는 의미로 잘 쓰

입니다.

- 그 누구도 타인을 쉽사리 평가할 권리를 지니지 않는다.

No one gave you the right to judge other people.

- 나는 사람을 외모로 판단하지 않으려고 한다.

I don't try to judge people by their appearance.

120 knock

노크한다는 뜻 말고, 기본 뜻 '쓰러뜨리다'에서 나온 표현들이 유용하다.

KO가 knock out의 준말인 데서 보듯, knock은 기본적으로 쓰러뜨린다는 뜻을 지닙니다. 그래서 knock down은 쓰러뜨리거나 밑으로 떨어뜨리면서 없애 버리는 것을 말합니다. 뜻이 더 확장되어 가격을 떨어뜨린다는 의미도 지니죠. knock down the price는 가격을 낮춘다는 뜻이에요. knock을 노크한다는 뜻으로만 기억하지 말고, '쓰러뜨리다'에서 파생한 다른 의미도 기억하기 바랍니다.

- 뒤에서 무언가가 그를 쳐서 쓰러뜨렸다.

Something hit him from behind and knocked him down.

- 지난달 구입한 차의 가격이 5000달러나 떨어졌다.

The price of the car I bought last month was knocked down by 5,000 dollars.

121 label

동사로 쓰면 '낙인을 찍다'라는 의미가 된다.

label은 우리가 보통 '라벨'이라고 하는, 상품에 붙이는 딱지 같은 걸 얘기하죠. 그런 걸 붙인다는 뜻의 동사로도 쓰입니다. 그런데 그냥 가격정보 같은 것만 붙이는 게 아니라, 부정적인 이미지를 붙이는 것, 즉 낙인을 찍는 것도 label이라고 합니다. '~라는 딱지나 꼬리표를 붙이다'라는 뜻으로 빈번히 쓰이는 동사입니다.

• 디젤차는 환경에 나쁘다는 이미지가 생겼다.

Diesel cars are labelled as environmentally unfriendly.

• 언론은 그에게 독불장군이라는 딱지를 붙였다.

The media has labelled him a maverick.

122 lack

부족하다는 뜻인데, 문형을 잘 기억할 필요가 있다.

lack은 '부족하다'라는 뜻인데, 문형에 주의해야 합니다. lack 뒤에 전치사 없이 바로 목적어를 써야 하죠. 예를 들어 '그는 용기가 부족하다'는 He lacks courage.라고 해야 맞지 He lacks in courage.처럼 표현하지 않습니다. 그런데 lack 다음에 in이 따라 나오는 경우가 있죠. be lacking in이라고 활용될 때가 그렇습니다. 그러니까 동사 lack과, lacking을 형용사처럼 활용하는 be lacking in을 '~이 부족하다'라는 의미로 기억하면 되겠습니다.

• 용기 없는 사람처럼 보이기 싫어서, 반 친구들이 보는 앞에서 그녀에게 고백을 했다.

As I didn't want to look like a guy who lacks courage, I told her that I loved her in front of all my classmates.

- 그의 영화는 성인지 감수성이 부족하다

His movie is lacking in gender sensitivity.

- lack의 목적어들

> 능력: ability, ambition, backing지지/지원이 부족하다, capability, capacity, charm매력이 부족하다, competence, drive추진력이 부족하다, education, energy, enthusiasm, expertise전문성이 부족하다, finance, resource자원이 부족하다, skill, strength, talent, understanding, vision
> 도덕성, 성품: commitment 헌신이 부족하다, confidence, courage, credibility 믿을 만하지 않다, determination 결단력이 부족하다, faith, flexibility, integrity성실함이 부족하다, leadership, passion, patience, self-confidence, self-control, will의지가 없다
> 특성: clarity분명하지 못하다, consistency일관성이 부족하다, conviction, depth, detail, discipline기강이 잡혀 있지 않다, elegance, experience, imagination, independence, motivation, originality
> 권한: authority, power
> 감수성: emotion, empathy공감 능력이 부족하다

123 land

동사 land 뒤에 '직업'이나 '일'을 쓰면, 그 직업이나 일을 성공적으로 얻게 되었다는 뜻이다.

land는 동사로 '착륙하다'라는 의미를 지니죠. 그런데 성공적으로 착륙시키는 것처럼 원하는 어떤 것을 얻는다고 할 때도 land를 쓸 수 있습니다. land a job과 같은 표현이 그 예죠. '일자리를 얻었다', '직업이 생기다'라는 의미입니다. 일자리를 얻거나 계약을 성사시킨다는 뜻으로 쓰이는 land를 기억하기 바랍니다.

- 그는 로펌에 취직했다.

He landed a job with a law firm.

- 김이 장감독의 새 영화에서 주연 자리를 차지했다.

Kim landed a leading role in director Chang's new film.

- land의 목적어들

일자리: job일자리를 얻다, role역할을 맡다
계약: contract계약을 성사시키다

124 leave

어떤 상태로 남겨둔다는 뜻인데, 특히 수동형 문장으로 쓰일 때 주의할 필요가 있다.

leave는 어떤 상태로 남겨둔다는 뜻이죠. Leave me alone.이라고 하면 '그냥 나를 혼자 내버려 둬'라는 뜻입니다. 그런데 leave가 수동형으로 쓰일 때를 주의해서 볼 필요가 있습니다. 예를 들어 I was left ~처럼 얘기하면 '내가 ~인 상태로 남겨졌다'라고 직역할 수 있는데, 결국 어떤 상태가 된다는 뜻입니다. I was left speechless by his story.는 '그의 이야기를 듣고 할 말을 잃었다'라는 말입니다. 그래서 Some things are best left unsaid.와 같은 문장도 있습니다. '어떤 것들은 말하지 않은 채로 남겨두는 것이 가장 좋다'라는 뜻이죠. '상태'를 표현할 때 쓰는 leave, be left의 쓰임을 잘 기억하기 바랍니다. 아래 예문이 도움이 될 것입니다.

- 그 화재로 1000명이 넘는 사람들이 집을 잃었다.

More than 1,000 people were left homeless due to the fire.

- 아이에게서 눈길을 떼서는 안 된다.

Never leave your child unattended.

125 maintain

'유지하다' 이외에 '주장하다'라는 뜻도 지닌다.

maintain은 유지한다는 뜻을 지니지만, '주장하다'라는 의미도 있죠. say, maintain, argue, claim 모두 주장한다는 뜻인데, 단어의 뉘앙스가 조금씩 달라요. '유지하다'라는 기본 뜻에서 유추할 수 있듯이, maintain은 어떤 주장이나 논점을 지속적으로 유지하는 느낌을 주죠.

• 둘 다 무죄를 주장했다. 둘 중 한 사람은 거짓말을 하고 있음이 분명하다.

Both maintained their innocence. It was clear that one of the two was telling a lie.

• 북한은 항상 남한이 한국전쟁을 일으켰다고 주장한다.

North Korea always maintains that the Korean War was started by the South.

126 marry

marry, be married, get married의 의미를 구분해서 활용해야 한다.

marry는 매우 익숙한 단어인데, marry, be married, get married의 의미 차이를 기억할 필요가 있습니다. marry는 '누구와 결혼하다'라는 뜻입니다. 누가 누구와 결혼하는지 그 사실을 말하는 거죠. He married a doctor.라고 하면 그가 의사와 결혼했다는 사실을 설명하는 겁니다. be married는 결혼한 상태를 얘기합니다. 예를 들어 I was married for ten years 라고 하면, 10년 동안 결혼한 상태를 유지했다는 뜻입니다. 지금은 결혼한 상태가 아님을 암시합니다. get married는 결혼하는 시점이나 결혼식을 얘기한다고 보면 됩니다. When are you going to get married?라고 물으면 언제 결혼(식)을 하냐 혹은 언제부터 혼인 관계가 되냐는 뜻입니다. 비슷해 보이지만 의미 차이가 존재하니 marry, be married, get married를 잘 구분하여 활용하기 바랍니다.

- 그녀는 왕족에게 시집간다는 생각에 여전히 긴장이 된다.

She is still nervous about marrying into the royal family.

- 그는 유명인과 결혼하고 싶다는 생각을 오래도록 가져 왔다.

He wanted to marry a celebrity all along.

127 match

'매칭'이라는 외래어와 매우 잘 대응하며, '잘 맞는다', '잘 어울린다'라고 할 때 우선 떠올릴 단어다.

fit과 함께 '어울리다'라는 뜻으로 가장 먼저 떠올릴 단어가 match입니다. fit처럼 다양한 상황에서 쓸 수 있습니다. 아래 목적어들의 리스트를 참고하기 바랍니다.

- 당신의 니즈에 딱 맞는 차를 찾아줄 수 있습니다.

I can find a car that can perfectly match your needs.

- 팬들이 내 노래를 같이 부를 때의 기분에 비견할 건 없다.

Nothing matches the feeling of fans singing your songs along with you.

- match의 목적어들

> **배경, 상황:** background배경에 어울리다, description설명과 일치하다, expectation, record기록과 일치하다
> **색, 사이즈:** color, dress, scale, size, tone
> **능력, 자격:** profile자격요건에 맞다, requirement요구사항에 맞다, skill
> **성격, 취향:** personality성격에 어울리다, taste취향에 맞다

128 matter

앞서 설명한 count처럼 동사로 '중요하다'라는 뜻을 지닌다.

앞서 count가 '중요하다'라는 의미를 지닌다고 설명했습니다. matter도 마찬가지죠. 명사로 '일'을 뜻하지만, 주어 다음에 동사 matter를 넣으면, '~이 중요하다'라는 뜻이 됩니다. 예를 들어 '정직이 중요하다'는 Honesty matters.라고만 표현하면 되죠.

- 이러한 작은 것들이 우리 인생에서 매우 중요할 수 있다.

These little things can matter a lot in our life.

- 출신지역이나 학벌 등은 전혀 중요하지 않다.

It doesn't matter at all where you are from or which school you went to.

129 maximize

최대한 잘 활용한다고 할 때 유용하게 쓸 수 있는 단어

영어가 모국어가 아닌 우리들에게, 의미를 분명히 전달해주는 단어들은 소중합니다. 그런 단어의 예로 maximize를 들 수 있죠. 이윤을 극대화한다든지, 뭔가를 최대로 만든다든지 그런 의미를 전달하고 싶을 때 maximize가 많은 도움을 줄 것입니다. 반대 뜻을 지닌 minimize도 마찬가지죠. '최소화한다', '가장 적게 만든다'는 의미로 쓰면 되겠습니다.

- 이익을 극대화하고 비용을 최소화하는 것이 모든 기업의 목표다.

Maximizing profits and minimizing costs is the goal of every business.

- 이건 투자자를 찾기 전에 회사의 가치를 극대화하기 위한 조치다.

This is a measure to maximize the value of the company before finding an investor.

• maximize의 목적어들

> 이익, 돈: benefit, gain, income, profit, profitability이윤을 극대화하다, return수익률을 극대화하다, revenue매출을 극대화하다
> 가치: efficiency, productivity생산성을 극대화하다, use최대한 활용하다, value
> 가능성: chance, effect, impact, likelihood, potential

130 mean

'원래 ~하도록 되어 있다', '~하는 법이다'라는 의미를 표현할 때 유용한 단어

mean은 '의미하다'라는 뜻을 지니지만 '원래 ~하도록 되어 있다'는 의미로도 쓰이죠. 그럴 때는 보통 수동형으로 활용됩니다. 그래서 be meant for ~라고 하면 '~이 될 운명이다' 정도 뜻입니다. '천생연분'을 We are meant for each other.처럼 표현하는 게 한 예죠. 그냥 '의미하다'가 아니라 우리말로 따지면 '의도되어 있다'와 같은 느낌으로 mean을 활용할 수 있습니다.

• 토미와 지나는 천생연분이었다.

Tommy and Gina were meant for each other.

• 원래 그의 그림은 대중을 대상으로 그린 것이 아니었다.

Originally, his paintings were never meant for the public.

131 mentor
'멘토 역할을 하다'라는 동사로도 활용할 수 있는 단어

'멘토'라는 외래어를 많이 쓰기 때문에 mentor는 익숙한 단어이죠. '누구한테 멘토 역할을 한다,' '누가 나의 멘토다'처럼 얘기할 때 mentor 다음에 사람을 목적어로 넣어 동사로 활용할 수 있습니다. mentor에 -ing를 붙인 mentoring이라는 명사도 있죠. 멘토 역할을 해주는 것을 가리킵니다.

- 대학원에 진학하는 대신 커리어를 쌓으려는 학부생들을 멘토링하고 있습니다.

Now she mentors undergraduates who want to develop their career without going to graduate schools.

- 그녀가 작년에 멘토링을 한 모든 학생이 다 취직을 했습니다.

All the students she mentored last year has found a full-time job.

132 motivate
동기부여를 한다는 의미인데, to 부정사와 같이 쓰이는 문형을 기억해야 한다.

동기부여를 한다는 의미로 익숙한 단어죠. motivate가 활용되는 문형을 주목해야 하는데요, 'motivate + 사람 + to 부정사'와 같은 형태로 잘 등장합니다. 이 경우, '~에게 ~하도록 동기를 부여한다'는 말이 됩니다. 수동형 문장을 만들 수도 있죠. 그래서 He is motivated to ~ 이런 식으로 말하면 '~할 동기부여가 되었다'는 뜻입니다.

- 모든 CEO가 다 돈으로 동기부여가 되는 것은 아니다.

Not all CEOs are motivated by money.

- 경찰도 그의 범행 동기를 이해하지 못하고 있다.

Even the police don't understand what motivated him to commit such a crime.

133 navigate

항해한다는 기본 뜻에서 더 나아가, 어려운 상황을 잘 헤쳐 나간다는 뜻으로 잘 쓰이는 단어다.

navigate는 '항해하다'라는 뜻이죠. 이 기본 뜻 이외에, 어려운 상황을 잘 극복하면서 나아간다는 비유적인 의미도 지닙니다. 오히려 이런 의미로 더 많이 볼 수 있죠. 그러니까 '어려움을 극복하다,' '어려움에 잘 대처한다'라는 뜻으로 overcome 같은 단어를 쓰지 않고 좀 더 근사하게 말하는 방법이 navigate를 활용하는 겁니다. 어려움이나 헤쳐 나가야 할 역경을 바다로 보고, 바다를 항해하는 배의 이미지를 빌려 표현하는 셈입니다.

- 이 책이 인터넷 마케팅이라는 어려운 개념을 이해하는 데 도움을 줄 것이다.

This book will help you navigate the complicated world of internet marketing.

- 복잡한 기업 재무를 이해하는 게 입사 후 내가 직면한 첫번째 난관이었다.

Navigating the complex world of corporate finance was the first challenge I had when I joined this company.

- **navigate의 목적어들**

> **길, 항로:** course, river, terrain특정 지형에서 길을 찾아가다, way
> **복잡하고 어려운 상황:** maze미로에서 길을 찾아가다, minefield지뢰밭에서 길을 찾아가다, world
> **인터넷, 정보:** Internet인터넷 서핑을 잘 하다, site사이트의 이곳저곳을 다니다

134 note

마치 노트에 기록하듯 어떤 점에 유의한다는 뜻으로 잘 쓰인다. 특히 이메일에서 정중하게 어떤 사항을 상기시켜줄 때 유용하다.

note는 우리가 잘 아는 명사 note 이외에 '주목하다'라는 의미를 지닙니다. 이 단어는 특히 이메일을 쓸 때 유용하죠. '~라는 점을 주목해주세요', '~ 라는 점을 기억해주세요'라고 할 때 Please remember ~ 라고 표현해도 되지만, Please note ~로 문장을 시작하는 것이 자연스럽습니다. 어떤 사실을 기억해야 한다는 점을 정중하게 상기시키는 문장을 만들 때 유용합니다.

- 저희 박물관은 월요일에는 문을 열지 않는다는 점을 유의하십시오.

Please note that the museum is closed on Monday.

- 사장님 이외에 다른 컨퍼런스 콜 참가자는 말을 해서는 안 된다는 점을 주의해야 합니다.

It should be noted that, except the CEO, other participants in the conference call are not allowed to speak.

135 notice

동사 notice는 주목하거나 알아차린다고 할 때 유용하다.

notice도 앞서 설명한 note와 쓰임이 비슷한데, 어떤 점에 주목했다는 뜻입니다. 예를 들어 어떤 차이에 주목했거나 차이점을 발견했다면 I noticed the difference.와 같이 말할 수 있습니다. 차이점이나 특성 같은 것을 인식했다고 할 때 notice를 활용하면 됩니다.

- 그의 행동이 좀 달라졌다는 것을 그 때 처음 느꼈다.

That was when I first noticed some difference in his behavior.

- 그의 눈에 멍 자국이 있는 걸 보았습니까?

Did you notice the bruises on his eyes?

- notice의 목적어들

> **모습:** pattern패턴이 있음을 알아채다, reluctance주저함을 느끼다, resemblance비슷함에 주목하다, sign, similarity비슷함을 알아채다
> **말투:** sarcasm비꼬는 어조를 느끼다
> **차이, 변화:** absence없음을 알아채다, change, difference, disappearance, hint, improvement, inconsistency불일치를 알아내다, omission생략을 알아채다, reduction감소를 알아채다, shift변화/전환을 알아내다, trend트렌드를 발견하다

136 offer

우리말 '제공하다'에 어울리는 단어지만 다양한 단어가 목적어로 쓰일 수 있다.

offer는 제공한다는 뜻인데 무엇을 제공하는지 목적어로 쓸 수 있는 단어의 범위가 우리가 생각하는 것보다 훨씬 넓습니다. 아래의 콜로케이션을 주목하기 바랍니다.

- 그 문화 센터는 다양한 프로그램을 제공한다

The culture center offers a wide range of programs.

- 이 수업은 모든 학생이 영어로 발표할 기회를 준다.

The course offers each student an opportunity to make a presentation in English.

- offer의 목적어들

> **정보:** advice, clue, detail, evidence, example, guideline, hint, idea, illustration 설명하다, information, insight식견을 나누다, interpretation해석을 제공하

다, introduction소개하다, lesson, overview, perspective, portrayal묘사하다, prediction, proof, prospect전망하다, solution, tip, update, view, viewpoint, vision

기회, 대책, 프로그램: alternative대안을 제시하다, chance, choice, compromise타협안을 제시하다, curriculum, deal거래를 제안하다, education, opportunity, option, position자리를 제안하다, possibility, program, proposal, selection, suggestion제안하다

돈: bribe뇌물을 주다, compensation보상을 해 주다, loan, refund, subsidy보조금을 주다

혜택: advantage, assistance, benefit, comfort편안함을 주다, discount, freedom, guarantee품질보증을 하다, hope, hospitality환대를 해 주다, incentive, insurance, job, package, place, prize, promotion승진을 시켜주다, relief, remedy, reward, service, shelter

지원, 지지: consolation위안을 주다, convenience편리함을 주다, cooperation, counselling, encouragement, endorsement지지를 보내다, forgiveness용서하다, guidance, help, pardon사면을 해주다, protection, recommendation, support, sympathy동정하다, thanks감사하다

비판, 평가: assessment, criticism, critique비평하다

언어: apology, comment, condolences위로의 말을 전하다, congratulations축하하다, description, excuse, explanation, reply

137 orchestrate

orchestra(오케스트라)와 어원이 같은 orchestrate는, 주로 안 좋은 일을 계획한다는 뜻으로 쓰인다.

orchestrate은 우리가 잘 아는 orchestra(오케스트라)와 어원이 같습니다. 오케스트라의 지휘자가 화음을 만들어 내듯, 계획, 술책, 범죄 계획 같은 것을 수립하고 준비한다는 의미로 orchestrate를 쓸 수 있어요. 어떤 일을 모의하거나 주동하는 것도 orchestrate라고 얘기할 수 있습니다.

- 그 사고는 철저히 준비된 광고임이 밝혀졌다.

The accident turned out to be a carefully orchestrated promotional campaign.

- 그 국가에서 일어난 군사 쿠데타는 CIA가 주도한 것이었다.

The military coup in the country was in fact orchestrated by the CIA.

- orchestrate의 목적어들

> **쿠데타나 범죄:** coup쿠데타를 모의하다, murder살인을 모의하다
> **캠페인, 노력:** campaign, effort~하는 노력을 계획하다, movement~하는 운동을 계획하다

138 outgrow

out-으로 시작하는 동사들의 쓰임을 잘 기억하자. outgrow는 grow out of ~를 대체할 수 있다.

예를 들어 '성장하여 예전 옷이 맞지 않는다'는 She grew out of her clothes.처럼 표현할 수 있습니다. 성장하여 예전의 옷에서 벗어나는(out of) 상태가 되었다는 영어다운 표현 방식이죠. 이 경우 grow out of를 한 단어 outgrow로 바꿔 말할 수도 있습니다. 또 outgrow와 grow out of는 성장하면서 뭔가에 대한 관심이 사라지는 것을 표현할 때도 유용합니다. 아래 예문을 참고하세요.

- 나이를 먹으면서 그의 록 음악에 대한 애정이 사그러들었다.

He's outgrown his love for rock music.

- 우리 딸은 벌써 작년에 사준 옷들 대부분이 안 맞을 정도로 컸다.

My daughter already outgrew most of the clothes I bought her last year.

139 outpace

out-으로 시작하는 동사들은 그 자체만으로 비교급처럼 쓰일 수 있다. than 없이 동사만 쓰면 되기 때문에 간결하다.

out-으로 시작하는 동사들은 than 없이 비교급을 만들 수 있습니다. 예를 들어 A outpace B.라고 하면 A가 B보다 더 빠르다는 뜻이죠. '~ 보다'에 해당하는 영어 단어를 넣지 않고 단어 앞에 out- 을 붙여 새로운 동사를 만들어 내는 거죠. 이런 동사들은 대개 능가하거나 앞서 나간다는 의미를 지닙니다. 이렇게 쓸 수 있는 단어가 생각보다 많죠. 우선 **outpace**는 무엇보다 '페이스(pace)'가 빠르다, 즉 속도가 빠르거나 앞서 나간다는 의미입니다.

• 구직자보다 일자리 수가 더 많기 때문에 실업률이 계속 떨어질 것으로 보인다.

Unemployment rate will continue to fall, as job openings are outpacing the supply of applicants.

• 계속해서 소득보다 지출이 많으면, 빚에서 빠져나오지 못할 거다.

If your spending continues to outpace your income, you will never get out of debt.

140 outperform

out-이 들어가서 '능가하다'라는 의미를 전달하는데, '퍼포먼스가 더 뛰어나다'가 기본 뜻이다. 특히 주식 시장 관련 뉴스에서 접할 수 있다.

outpace와 같은 요령으로 outperform이라고 하면, 퍼포먼스가 더 뛰어나다는 뜻이니까 '능가한다', '더 잘 하다'라는 말이 됩니다. outperform은 특히 주식시장과 관련해 잘 등장하는 단어죠. 어떤 주식의 가격이 다른 주식 혹은 시장 평균보다 많이 올랐다고 할 때 outperform을 활용할 수 있습니다.

- 오늘 한국 주식 시장이 다른 아시아 시장보다 많이 올랐다.

Korean stock market outperformed its Asian peers today.

- 아시아 학생들이 미국 학생보다 수학을 잘한다고 생각된다.

Asian students are believed to outperform U.S. students in math.

141 outweigh
'더 무겁다', '더 중요하다'를 간결히 표현할 때 유용한 단어다.

'무게'를 뜻하는 weigh는 동사로 '무게가 ~이다'라는 의미도 지니죠. 그런데 out-이 붙었으니까 outweigh는 '~보다 무게가 더 나간다'라는 뜻이고, 무게가 많이 나가는 것은 결국 더 중요한 것을 가리킵니다. 그래서 둘을 비교해서 어느 쪽이 더 중요한지 정한다고 말할 때 쓸 수 있는 동사가 됩니다.

- 장점이 단점보다 많으면 추진하지 않을 이유가 없다.

If the pros of the decision outweigh the cons, there is no reason not to push for it.

- 혜택이 비용보다 훨씬 크다.

The benefits of this plan far outweigh its costs.

- **outweigh의 주어들**

  > 혜택이나 리스크: benefit혜택이 ~보다 크다, risk리스크가 ~보다 크다

- **outweigh의 목적어들**

  > 이익, 혜택 등 긍정적인 것: advantage~이 이점보다 많다, gain~이 얻는 것보다 많다
  > 부정적인 것: cost비용보다 ~이 크다, disadvantage손해보다 ~이 많다, drawback단점보다 ~이 많다, inconvenience불편함보다 ~이 많다, risk리스크보다 ~이 많다

142 overhaul

원래는 기계를 정비한다는 말이지만, 제도나 절차 등을 확 바꾸거나 개혁한다고 할 때 쓸 수 있는 단어다.

'개혁'이나 '구조조정'을 통해 뭔가를 확 바꾼다고 할 때 쓸 수 있는 단어가 overhaul입니다. 원래 기계의 어떤 부분을 정비한다는 뜻이므로, 예를 들어 engine overhaul은 엔진을 전체적으로 점검하거나 수리하는 것을 일컫죠. 이 때 overhaul은 명사입니다. 의미가 확대되어 동사로 시스템이나 제도 등을 '개혁한다'라는 뜻으로도 쓰입니다.

- 우리 조직의 의사 결정 과정은 개혁될 필요가 있습니다.

Our organization's decision-making process needs to be overhauled.

- 교육 시스템이 싹 바뀌어야 한다.

Our education system needs to be overhauled.

- 내 차는 20년도 더 되었는데, 엔진을 싹 정비하고 나니 2배는 더 빨리 달리는 것처럼 느껴진다.

My car is over 20 years old, but after its engine was overhauled, it seems to run twice as fast.

Exercise 3

▶ 다음 빈 칸에 가장 잘 어울리는 단어를 고르세요.

1. 그 정도 문제는 상무님께 보고할 필요 없이 내 권한으로도 처리 가능하다.
That kind of problem can be _____ under my own authority, without the need to report it to the managing director.
①hampered ②hindered ③handled ④handed

2. 다양한 맛의 새 라면들이 올 여름 시장에 출시될 예정이라 한다.
New ramen in various flavors are expected to _____ the market this summer.
①hit ②make ③get ④take

3. 내가 낸 아이디어의 대부분이 새로운 마케팅 안에 포함되었다.
Most of my ideas were _____ into the new marketing plans.
①assimilated ②alienated ③culminated ④incorporated

4. 문제가 발생하면 부서원 모두에게 알리는 것이 내가 맡은 중요한 일 중 하나다.
_____ everyone in the department of a problem is one of my most important tasks.
①Saying ②Informing ③Documenting ④Giving

5. 그는 그 법안에 찬성표를 던진 이후 배신자라는 딱지가 붙었다.
He was _____ a betrayer after voting in favor of the bill.
①ticketed ②blamed ③attached ④labeled

6. **AI**와 **ChatGPT**를 잘 이해하는 것이 앞으로 사업의 성공을 결정하는 열쇠가 될 것이다.
_____ the world of AI and ChatGPT will be the key to the success of your business, going forward.
①Travelling ②Navigating ③Motivating ④Gravitating

7. 지금 보내드리는 파일은 개요이고, 더 자세한 내용은 다음주에 다시 보내드릴 예정이니 유념하십시오.

Please _____ that the file we are sending you now is an overview, and we will send you more details next week.

①notify ②notarize ③notice ④note

8. 그가 가발을 쓰고 있다는 것을 모든 사람이 알아채고 있었다.

Everyone _____ that he was wearing a wig.

①noticed ②attended ③ignored ④fulfilled

9. 최근 5년간 그 정당의 캠페인은 거의 다 그가 계획한 것이다.

Almost all of the party's campaigns in the last five years were _____ by him.

①played ②orchestrated ③improvised ④conducted

10. 그는 수도 이전의 장점이 단점보다 훨씬 많다고 주장한다.

He argues that the advantages of relocating the capital far _____ the disadvantages.

①outsmart ②outpace ③outdo ④outweigh

정답 및 해설

1 '처리하다', '대처하다'라는 뜻으로 가장 빈번히 쓰이는 동사 표현이 **deal with**와 **handle**이다. **hamper**는 방해한다는 뜻이고, **hinder** 역시 방해하거나 저지한다는 의미다.

2 **hit the market**은 시장에 출시된다는 뜻이다. **hit the store**, **hit the shelves**처럼 상점이나 진열대를 가리키는 단어와 함께 쓰이기도 한다.

3 어떤 것의 일부분으로 포함시킨다는 뜻을 지닌 단어가 **incorporate**이다. **assimilate**은 동화한다는 의미이고, **culminate**은 '~에서 절정에 달한다'는 뜻이다.

4 정보를 주거나 알려준다는 뜻으로 광범위하게 쓸 수 있는 단어가 **inform**이다. 특히 이메일에서 잘 쓰인다.

5 '라벨'을 뜻하는 명사 **label**은 동사로 쓰이면 '라벨을 붙이다' 즉 '~라는 낙인을 찍다'라는 뜻이 된다. **attach**는 접착하는 것을 말하고, **ticket**은 동사로 쓰이면 교통위반 딱지를 발부한다는 의미가 된다.

6 험난한 바다에서 항해하듯, 어려움을 잘 헤쳐 나가는 것을 **navigate**라고 비유적으로 표현할 수 있다. **gravitate**는 '중력'을 뜻하는 **gravity**와 어원이 같으며 '~에 끌린다'는 뜻이다.

7 **note, notice, notify, notarize** 모두 어원은 같다. 이 중 '~임에 주의하라'는 뜻으로 쓰는 단어는 **note**이고, **notarize**는 '공증하다'라는 뜻이다.

8 **notice**는 어떤 것을 알아채거나 주목한다는 뜻이다. **attend**에도 주의를 기울인다는 뜻이 있으나, **attend to**의 형태로 쓰인다.

9 **orchestra**와 어원이 같은 **orchestrate**은 오케스트라의 연주를 위해 편곡하듯 치밀하게 준비하고 계획한다는 뜻이다.

10 **outsmart**는 '더 똑똑하다', **outpace**는 '더 빠르다', **outdo**는 '능가하다'라는 뜻이다. **outweigh**는 더 중요하다는 의미이고, 예문처럼 '~의 장점이 단점보다 많다'고 할 때 유용하게 쓸 수 있다.

정답 1 ③ 2 ① 3 ④ 4 ② 5 ④ 6 ② 7 ④ 8 ① 9 ② 10 ④

P~R

143 partner

같이 파트너가 되어 무엇을 한다고 할 때 유용한 동사

partner는 '파트너'를 의미하는 명사 이외에 '같이 협력하다'라는 동사 뜻도 지닙니다. partner (up) with ~라고 하면 '~와 파트너가 되어 협력한다'는 의미이죠.

• 휴대폰 회사는 유명한 손목 시계 회사와 제휴하여 세련된 디자인의 스마트워치를 제조했다.

The cellular phone company has partnered with a famous wristwatch company to manufacture smartwatches with sophisticated design.

• 시장 2위와 3위 업체가 1위 업체를 잡기 위해 연합했다.

The second and the third players in the market have partnered up to beat the industry leader.

144 popularize

'유행시키다'라는 뜻을 지닌 동사

'유행'과 관련된 이야기를 할 때 두 가지 문형을 생각할 수 있습니다. 어떤 것이 유행이라고 말할 수도 있고, 어떤 것이 뭔가를 유행시킨다고 할 수도 있습니다. 이 '유행시키다'에 해당하는 영어 단어가 popularize입니다. 누가 어떤 유행을 촉발하고 선도했는지 말할 때 popularize를 활용하면 됩니다.

• 그는 우리나라에서 랩음악을 최초로 유행시킨 사람이다.

He was the one who popularized rap music in Korea.

• AI의 등장이 번역 툴을 유행시키고 있다.

The emergence of AI now popularizes translation tools.

145 possess

'악령에 사로잡히다', '귀신 들리다'라는 뜻으로도 쓰이는 단어

possess는 '소유하다'가 기본 뜻입니다. 그 뜻 이외에 '귀신이 들리다'라는 의미도 있죠. 말하자면 악령이나 귀신이 무엇을 소유하는 것도 possess라고 하는 셈이죠. 예를 들어 공포 영화에 악령이 든 인형이 나온다면, The doll is possessed.라고 말할 수 있습니다. possess의 기본 뜻 이외에 추가로 기억할 만한 쓰임입니다.

• 말하는 인형이 갑자기 혼자 소리를 내기 시작해서 귀신이 들렸나 생각했다.

The talking doll suddenly started making sounds by itself, so I thought it was possessed.

146 preoccupy

어떤 것에 매우 몰두하거나 정신이 팔려 있는 상태를 표현하기에 적절한 단어다.

occupy가 차지한다는 뜻이므로, preoccupy는 미리(pre) 차지한다는 말이 되죠. 어떤 것에 정신이 팔려 있는 상태, 주의가 어디로 분산되어 있는 상태를 가리키는 단어입니다. 보통 be preoccupied with ~처럼 수동형으로 표현하죠.

• 관객들은 음악에 정신이 팔려서 경기장 뒤편에서 사고가 난 줄도 몰랐다.

As the audience were too preoccupied with listening to the

music, they didn't know the accident happened at the back of the stadium.

- 그는 자신의 문제에 너무 몰두해서 남에게 신경 쓸 여력이 없었다.

He was so preoccupied with his own problems that he couldn't pay attention to other people.

147 prepare

우리말 '준비하다'를 prepare 아닌 다른 단어로 표현해 보자.

prepare는 '준비하다'인데, 우리가 남용하는 단어이기도 합니다. 남용하는 이유를 생각해 보았는데, 우선, '준비' 혹은 '준비하다' 라고 말하는 경우가 매우 많기 때문인 것 같습니다. 새로운 계획부터 저녁식사까지 모두 '준비'라고 하지요. 저녁상을 차리는 것은 쉽게 set the table이라고 해도 되는데, 그런 경우까지 prepare dinner라고 말하고 싶어집니다. 물론 맞는 표현이지만, 정말 계획이나 앞으로 일어날 일을 준비하는 경우가 아니라면 굳이 prepare만 고집할 필요가 없습니다. 저녁을 준비하는 것은 set the table, fix dinner처럼 할 수 있고, 공무원 시험을 준비한다면 I'm working on a public servant exam.처럼 말할 수 있습니다. '준비하다'를 영어로 표현할 때, 좀 더 다채롭고 쉬운 동사와 구동사를 써 보기 바랍니다.

- 최고를 희망하되, 최악의 상황에 대비해야 한다.

Hope for the best. Prepare for the worst.

- 다가오는 프레젠테이션에 심리적으로 대비해야 할 때다.

It's time for me to psychologically prepare for the upcoming presentation.

148 present

외래어 '프레젠테이션'은 근사하게 뭔가를 보여주는 것을 말하지만, 동사 present는 부정적인 것을 드러낸다고 할 때도 쓸 수 있다.

presentation이라는 말을 많이 쓰기 때문에 present도 '제공하다'라는 의미로 익숙한데, 프레젠테이션을 하는 것처럼 반드시 근사하고 좋은 것을 보여주는 경우에만 쓰지는 않습니다. 아래 콜로케이션 예에서 보듯, 부정적인 것을 포함해 어떤 것이 드러나게 한다고 할 때 present를 활용할 수 있습니다.

- 일과 가정을 다 돌보는 것이 많은 여성에게 어려움을 주고 있다.

Juggling work and family presents difficulties for many women.

- 팬데믹은 모든 의료 활동을 감독할 새로운 정부 조직의 필요성을 제기했다.

The pandemic has presented a need for a new government organization to supervise all medical activities.

- present의 목적어들

> 어려움, 장애, 문제: challenge어려운 문제를 제기하다, difficulty, obstacle장애물이 되다, problem, threat위협이 되다

149 presume

'생각하다'도 어감에 따라 다양한 영어 단어로 표현할 수 있다. presume도 한 대안이 된다.

'생각하다'를 표현할 때 매번 think나 guess만 쓰지 말고 assume을 활용해 보자고 앞에서 설명했습니다. assume과 함께 기억할 단어에 presume도 있습니다. presume은 추측을 해

보거나 짐작해 보는 것을 의미합니다. 100% 확실한 증거가 있는 건 아니지만 미리 그렇게 생각을 해본다는 뉘앙스를 지니죠. '~일 거라고 추정해 봅니다', '한번 생각을 해봅니다'처럼 말할 때 presume을 활용하면 됩니다.

- 그는 행동을 개시하면 모두가 자기 편을 들어줄 거라고 생각했다.

He presumed that people would take his side once he started to act.

- 비행기가 바다로 추락했기 때문에 모든 탑승자가 사망했을 것으로 추정된다.

As the plane crashed into the ocean, all the passengers are presumed dead.

150 proceed

일을 진행시킨다고 할 때, 특히 이메일에서 잘 쓸 수 있는 단어

proceed는 '진행하다'라는 뜻이에요. 일을 진행한다고 할 때 go ahead처럼 말할 수 있는데, 조금 격식을 차려 표현할 때 유용합니다. 예를 들어 '계획한 대로 진행해 달라'는 Please proceed as planned.처럼 말할 수 있습니다. 특히 이메일에서, 준비한 대로 진행하라고 할 때 활용할 수 있는 단어입니다.

- 진행하되, 리스크는 본인이 져야 합니다.

Proceed at your own risk.

- 첫 번째 마케팅 캠페인이 계획대로 진행되지 않아, 두 번째 프로그램을 진행하는 것을 조금 주저하고 있다.

They are a bit hesitating to proceed with the second program, as their first marketing campaign didn't go as planned.

• proceed의 주어들

대화, 소통: conversation대화가 진행되다, meeting회의가 진행되다
변화, 발전: evolution진화가 진행되다
프로젝트, 캠페인: sale, scheme계획이 진행되다, transaction, trial재판이 진행되다

151 produce

물건을 생산하는 경우뿐 아니라, 정보나 증거 등 사물이 아닌 것을 만들어 내는 경우에도 쓰는 단어다.

produce는 '생산하다'라는 뜻이죠. 하지만 손에 잡히는 뭔가를 만들어 낼 때만 쓰는 단어는 아닙니다. 예를 들어 누군가 어떤 행동을 한 증거가 많다고 할 때, 우리말로는 '그가 증거를 많이 만들어냈다'처럼 말하지 않지만, 영어에서는 He produced a lot of evidence.라고 표현할 수 있죠. 우리 생각과 달리 매우 다양한 단어가 produce의 목적어로 쓰일 수 있으니 아래 콜로케이션 리스트를 참고하기 바랍니다.

• 이 약물은 고혈압 환자에게 심각한 부작용을 일으키는 것으로 밝혀졌습니다.

The drug has been found to produce severe side effects in people with high blood pressure.

• 단 몇 분의 격렬한 운동만으로도 장시간의 신체 훈련과 유사한 효과를 얻을 수 있습니다.

Only minutes of intense exercise produces health benefits similar to longer physical training.

• produce의 목적어들

글, 작품: article글을 작성하다, document, draft초안을 작성하다, idea아이디어를 내다, masterpiece걸작을 만들다, research, text, theory이론을 만들다, translation,

version
혜택: benefit, supply
돈, 경제적 이익: estimate견적을 내다, gain, profit, return수익을 내다, revenue, surplus흑자를 내다, wealth
결과: change, culture~하는 문화를 만들다, effect, evidence, illusion, image, miracle, noise, outcome, pattern, proof, result, victory
해결책, 대책: reaction반응을 일으키다, response반응을 일으키다, solution, substitute대신할 것을 만들다
에너지: electricity, energy, hormone호르몬을 분비하다, material, pollution오염을 일으키다

152 program

'~처럼 프로그램되어 있다', 즉 '원래 ~하는 존재다'라는 말을 할 때 유용하다.

program은 매우 익숙한 외래어인데, 동사로 쓸 경우 '~ 하도록 프로그램하다', 즉 '~하도록 만들다'라는 의미를 지닙니다. '원래부터 ~하게 되어 있다'라고 말할 때 잘 활용할 수 있죠. 예를 들어 '인간은 원래 ~한 존재이다'라는 말을 할 때도, Humans are programmed to ~ 처럼 표현할 수 있습니다. 비유적인 표현 방식인데, '본질'이나 '특성'을 말할 때 쓸모 있는 단어입니다.

• 우리 모두는 과거의 고통을 잊도록 프로그램되어 있습니다.

We all are programmed to forget the pain of the past.

• 인간은 언어를 배우는 능력을 타고 난다.

Humans are genetically programmed to learn a language.

153 prompt

'누가/무엇이 ~하도록 유발하다/촉발하다'라는 의미다. 어떤 일이 초래되었는지 설명할 때 유용한 동사다.

연설할 때 원고를 보여주는 기기인 prompter(프롬프터)라는 말이 익숙하죠. 형용사로 prompt는 '즉시'라는 뜻이고, 동사로도 빈번히 쓰입니다. 'prompt + 사람 + to 부정사'의 형태로 쓰면 '~ 하도록 만든다'라는 뜻이죠. 또 어떤 일을 '초래하다'라고 할 때도 prompt를 활용할 수 있습니다.

- 인터넷상에 그 사람에 대한 잘못된 정보가 많아, 내가 책을 쓰기로 했다.

A lot of misinformation on the internet prompted me to write a book about the person.

- 대통령의 잘못된 행동은 당내에서도 비판을 불러일으켰다.

The president's misbehavior has prompted criticism even from within his party.

- prompt의 목적어들

> 비판: criticism비판을 불러일으키다, outcry대중의 항의를 불러일으키다
> 논의, 연구: discussion논의를 촉발하다, move~하는 움직임을 불러일으키다, resignation사퇴를 초래하다, response반응을 촉발하다, speculation추측을 불러일으키다

154 prosecute

'기소하다'에 해당하는 여러 동사 중 하나다.

앞서 accuse에서 설명했듯 우리말 '기소하다'에 해당하는 영어 단어는 다양합니다. accuse, charge, indict 모두 같은 의미이고, prosecute도 마찬가지입니다.

• 그는 정보통신망법 위반으로 기소될 것이다.

He will be prosecuted for violating Information and Communications Network Act.

• 지난달 최저임금보다 낮은 급여를 지급해 기소된 고용주는 없었다.

No employer was prosecuted for paying employees less than the minimum wage last month.

155 protest

'저항하다'라는 뜻과 관련하여, 데모를 하는 것도 protest라고 말한다.

protest는 '저항하다'라는 뜻인데, '데모를 한다', '시위를 한다'라고 할 때도 쓸 수 있는 동사입니다. 앞서 demonstrate에서 설명했듯, 시위를 한다고 할 때 demonstrate보다 protest가 더 자주 등장하죠. 명사 protest도 '시위', '데모'라는 뜻으로 쓰입니다.

• 고문으로 대학생이 사망한 사건을 두고 수십만 명의 사람들이 시위를 벌였다.

Hundreds of thousands of people protested over the death of a college student by torture.

• 대학원생들이 학교의 결정에 항의한 것은 이번이 처음이다.

It was the first time the graduate students protested the school's decision.

156 provide

제공한다고 할 때 물질적인 것과 추상적인 것 모두에 대해 쓸 수 있는 단어다.

provide는 '제공하다', '공급하다'라는 뜻이죠. 물질적인 것, 손에 잡히는 것뿐 아니라 서비스 같이 눈에 보이지 않는 것을 제공한다고 할 때도 쓸 수 있습니다. 우리말 '제공'이 물질적인 것과 추상적인 것에 모두 쓰이듯, 영어 provide도 마찬가지입니다.

• 경찰은 사고에 대한 추가 설명을 해야 한다.

The police should provide further explanation for the accident.

• ABC 고등학교의 모든 교원들은 더 나은 교육 기회를 제공하기 위해 열심히 노력하고 있습니다.

Everyone at the ABC High School are working hard to provide better educational opportunities.

• provide의 주어들

> 글, 정보: article법 조항에 ~라고 되어 있다, chapter그 챕터에 ~라고 되어 있다, essay, finding새로 발견한 사실에 의하면 ~이다, manual매뉴얼에 의하면 ~이다, program, record, result, text, website, writing
> 규정, 법: rule규정에 의하면 ~이다, system
> 연구: report, study연구에 의하면 ~이다

• provide의 목적어들

> 글, 정보, 증거: advice, alibi, answer, clue실마리를 제공하다, content, context, coverage~을 다루다, critique비평하다, data, definition, description, detail, estimate, evidence, example, explanation, feedback, forecast, illustration설명을 제공하다, information, input정보/의견을 제공하다, insight, instance, instruction지침을 주다, introduction, proof, reason, record, reminder상기시켜주다, report,

research, testimony증언을 하다, text, tip
즐거움, 긍정적 감정: consolation위안을 주다, convenience, cure치유해주다, entertainment즐거움을 주다, inspiration, pleasure, relief, satisfaction, support
수단, 대책: means, measure, momentum탄력이 붙게 하다, motivation동기를 부여하다, motive, remedy, representation, resource, reward, solution, treatment
기회, 선택: employment고용하다, opportunity, option, overview개관해주다, turning point
관점: perspective, view, viewpoint
추상적인 가치들: access접근하게 해주다, aid, alternative, assessment, assistance, assurance확신하게 해주다, atmosphere, background, base, basis, benefit, buffer완충 역할을 하다, care, challenge, chance, coherence, compensation, consultation, contrast대조를 이루다, coordination, depth, direction, efficiency, encouragement, experience, exposure노출시키다, flexibility, foundation, framework, freedom, guidance, guide, guideline, help, hope, impression, improvement, incentive, leadership, lesson, leverage레버리지 효과를 주다, security, stimulation

157 publicize

많은 이들에게 알려지거나 대대적으로 화제를 모은다고 할 때 쓸 수 있는 단어

영어에서 -ize로 끝나는 단어들은 우리말 '~ 화(化)'와 잘 어울립니다. 예를 들어 globalize는 세계화라는 뜻이죠. 그런데 -ize로 끝나는 단어 중에 '~ 화(化)'라고 속시원히 번역되지 않지만 활발히 쓰이는 단어들도 있습니다. 여기 나오는 publicize가 그런 예인데요, publicize는 많은 사람들한테 알려지게 만드는 겁니다. 많은 사람의 이목을 집중시키는 어떤 사건 같은 것을 말할 때 등장하죠. 예를 들어 The event was highly publicized.라고 하면 그 행사가 많은 이의 주목을 끌었다는 뜻입니다.

• 주요 정치인과 그녀의 부적절한 관계를 주류 언론에서 대서특필했다.

Her affair with a leading politician was highly publicized by the mainstream media.

- 그녀는 자신의 새 책을 홍보하기 위해 TV 프로그램에 연달아 출연했다.

She made a series of appearance on TV shows to publicize her new book.

- publicize의 목적어들

> event행사를 알리다, plight어려운 처지를 알리다

158 quantify

quantity를 동사로 만들어 '계량화하다'라는 의미로 쓰는 단어

'질'을 가리키는 quality, '양'을 가리키는 quantity를 각각 동사로 만들어 쓸 수 있죠. quantity에서 나온 quantify는 '계량화 하다'라는 의미입니다. 어떤 것을 수량이나 통계로 표현하는 상황을 말할 때 쓸 수 있습니다.

- 지구 온난화의 영향을 계량화하는 방법에는 여러 가지가 있다.

There are various ways to quantify the effect of global warming.

- 직원의 성과를 평가할 때, 애사심은 계량화하기가 어렵다.

In evaluating an employee's performance, their commitment to the organization is hard to quantify.

159 question

ask와는 달리, 의심하는 태도로 묻는다는 뜻의 동사다.

question은 명사로 '질문'이라는 뜻인데, 동사로 쓰면 어떤 것에 대해 '의문을 제기한다'라는 말이 됩니다. ask와는 달리, 의심의 눈초리를 보내거나 의심하는 태도로 묻는다고 할 때 question을 활용합니다.

• 아무도 감히 CEO의 결정에 의문을 제기하지 않았다.

No one dared to question the CEO's decision.

• 경찰은 하루 동안 그를 심문했고 그가 어떤 범죄에도 연루되지 않았다고 판단했다.

The police questioned him for a day, and decided he was not involved in any of the crimes.

• question의 주어들

> **전문가, 전문기구:** critic평론가가 의문을 제기하다, counsel위원회가 의문을 제기하다
> **권력기관:** police 경찰이 심문하다
> **정보, 보고서:** report 보고서가 의문을 제기하다

• question의 목적어들

> **능력:** ability능력에 의문을 제기하다(*이하 모두 '의문을 제기하다'라는 의미입니다), authority, competence, judgement, logic논리에
> **정확성, 중요함:** accuracy정확성에, correctness, fairness, integrity성실성에, relevance관련성에, reliability신뢰성에, sincerity진실함에, suitability적합성에, validity
> **믿음:** assumption전제에, belief, credibility, honesty, myth~라는 믿음에, view
> **효과:** choice, decision, effectiveness효과에, existence, feasibility실현 가능성에, motivation, motive, usefulness, utility, viability실현 가능성에
> **관습, 제도:** morality도덕성에, practice관습에

160 read

'마음을 읽다'처럼 이해한다는 뜻으로도 쓰인다.

read는 '읽다'인데, 우리말 '읽다'가 활자를 읽는 것뿐 아니라 '마음을 읽다'처럼 뭔가를 '이해한다'는 의미로 광범위하게 쓰이듯, read도 마찬가지입니다. 특히 관상이나 손금을 보는 것을 read라고 표현합니다.

- 내 마음을 잘 이해하는 친한 친구들이 몇 명 있어.

I have several friends who can read my mind.

- 손금 보는 거 배웠어.

I learned how to read palms.

- read의 목적어들

> **감정, 마음:** emotion감정을 읽다, mood기분을 읽다, signal신호를 읽다
> **신호, 생각:** mind마음을 읽다, thought

161 reason

reason은 동사로 '추리하다', '사고하다'라는 뜻이다. '이성적으로 설득한다'는 뜻을 지닌 reason with의 형태로도 잘 쓰인다.

reason은 명사로 잘 쓰이는데, 동사로 활용해 reason with라고 하면 '설득하다'라는 뜻입니다. 원래 '이성'을 뜻하는 단어이므로, '이성적으로 설득하다'라는 어감을 지니는 거죠. 논리적으로 혹은 합리적으로 얘기해서 어떤 사람을 설득한다고 할 때 reason with를 활용해 보기 바랍니다.

- 아이의 짜증이 폭발할 때에는 아이를 설득하려 하지 마십시오.

Don't try to reason with your child during an angry outburst.

- 인공지능이 추론하는 능력을 지니게 된다고 생각하니 좀 오싹하다.

The idea of AI having the ability to reason is kind of creepy.

162 receive

어떤 '평가'를 받는다는 의미로도 잘 쓰인다.

receive는 뭔가를 받는다는 뜻인데, 우리말로 따지면 '수용하다' 정도의 의미도 있습니다. 그래서 시장(market)이 새로운 상품이나 서비스를 얼마나 잘 수용하는지, 즉 상품이나 서비스가 얼마나 인기가 있고 좋은 평가를 받는지 말할 때 receive를 활용할 수 있죠. be well-received by the market이라고 하면 시장에 의해서 잘 받아들여진다, 인기가 좋다는 뜻이 됩니다. receive 앞에 well을 붙여 표현하는 방식에 주목하기 바랍니다.

- 그 영화는 비평가들에게 좋은 평가를 받았습니다.

The film was well-received by critics.

- 새로 출시한 상품이 시장에서 어떤 평가를 받을지 정말 기대된다.

I can't wait to see how our new product will be received by the market.

163 recognize

어떤 것의 존재를 알아본다고 할 때 쓰는 동사다.

recognize는 우리말로 표현한다면 '알아보다'가 가장 가깝습니다. 사람이나 사물의 정체를 알아본다고 말하려면 가장 먼저 떠올릴 단어가 recognize입니다.

- 만난 지 30년도 더 되었지만, 나는 그가 들어오자마자 그를 알아보았다.

It was more than 30 years since we met, but I recognized him as soon as he came in the room.

- 내가 좋아하는 노래들은 처음 3초만 듣고도 알 수 있다.

Just by listening to the first three seconds, I can recognize the tunes I like.

164 reduce

어떤 것의 양을 줄인다는 뜻도 있지만, '~로 전락해버리고 말다'라는 의미도 지닌다.

reduce는 뭔가를 줄인다는 뜻이죠. '스트레스를 줄인다', '양을 줄인다', '강도를 낮춘다'와 같은 말을 할 때 활용할 수 있습니다. 그런데 reduce는 '줄어 들어 결국 ~이 되고 만다'라는 뜻도 지닙니다. 뭔가 안 좋은 상태가 될 때, 레벨이 떨어질 때도 reduce를 쓸 수 있는 거죠. 그런 경우에는 보통 be reduced to ~의 형식으로 잘 쓰입니다. 아래 예문을 참고하세요.

- 회사에서 해고된 후로 친구들에게 도움을 청하는 신세가 되었다.

I was reduced to asking friends for help, after I was fired by the company.

- 산불로 그 지역 주택의 대부분이 잿더미로 변했다.

Due to the wildfire, most of the houses in the region were reduced to ashes.

165 refine

인터넷 용어로, 검색 범위를 좀 더 좁힌다고 할 때 쓰는 동사다.

refine은 좀 더 걸러낸다는 뜻입니다. 인터넷 용어로 refine the search라고 하면, 범위를 좁혀 좀 더 섬세하게 검색한다는 의미죠.

• 날짜나 관련성 등으로 검색 결과를 더 섬세하게 구분할 수 있다.

You can refine the search results by sorting them by date or relevance.

• 더 좋은 결과를 얻으려면 검색 내용이나 질문을 다듬을 필요가 있습니다.

You need to refine the research idea and questions to get better results.

166 report

경찰에 신고하는 것을 report라고 표현합니다.

'보고하다'라는 뜻으로 익숙한 report지만, 이 단어에는 '신고하다'라는 뜻도 있어요. 경찰에 신고하는 것을 report to the police처럼 표현합니다.

• 그 사고를 경찰에 신고했습니까?

Have you reported the case to the police?

• 실종 신고된 초등학생이 실종 열흘 만에 무사히 발견되었다.

An elementary school student, who was reported missing, was found safe after ten days.

167 require

무생물 주어 구문에 require를 쓰면, '~할 필요가 있다'라는 뜻이 된다.

require는 '요구하다'라는 뜻이죠. 어떤 '사람'이 무엇을 요구한다는 문장을 만들 수 있습니다만, require는 무생물 주어 구문을 만들 때도 유용한 동사입니다. 재차 강조하지만, 영어를 잘하려면 무생물 주어 구문에 익숙해져야 합니다. '~해야 한다', '~ 할 필요가 있다'라는 우리말 문장은 거의 언제나 무생물 주어 구문으로 표현할 수 있어요. 그럴 때 동사 require가 잘 등장합니다. 무생물 주어 구문을 만들 때는 주어에 무엇을 쓸 것인가 못지않게 어떤 동사를 쓰느냐도 중요하지요. 아래 예문을 참고하기 바랍니다.

- 부모가 된다는 것은 인내와 희생을 필요로 한다.

Being a parent requires patience and sacrifice.

- 새로운 법에 의하면 고용인은 피고용인에게 최소한 한 달에 하루의 휴가를 주어야 한다.

The new law requires employers to offer employees at least one day of leave per month.

- require의 주어들

> **법, 규정:** constitution헌법은 ~라고 규정한다, guideline지침에 의하면 ~해야 한다, law, provision법 조항은 ~해야 한다고 정한다, regulation, rule, treaty조약에 의하면 ~해야 한다
> **상황:** circumstance상황상 ~해야 한다, process절차상 ~해야 한다, situation상황상 ~해야 한다
> **일:** job일을 하려면 ~라는 자격을 지녀야 한다, program, task업무를 하려면 ~라는 자격이 있어야 한다

168 resolve

문제나 갈등을 해결한다고 할 때 떠올릴 단어다.

resolve는 문제를 해결한다는 뜻이에요. 역시 문제를 해결한다는 뜻으로 쓰이는 동사 solve와 비슷한 의미로 기억하면 됩니다. 어떤 단어가 목적어로 나오는지 아래 콜로케이션 리스트를 참고하기 바랍니다. 또, resolve는 명사 뜻도 지닙니다. 이 때는 '결심'이나 '의지'를 일컫습니다.

- 대부분의 갈등은 협상에 의해 해결될 수 있다.

Most of the disputes can be resolved by negotiations.

- 고객 불만을 해결하기 위해 한 달간 거의 매일 회의를 했다.

We had to have a meeting almost every day for a month to resolve the complaints.

- resolve의 목적어들

> 불만: complaint불만을 해결하다
> 갈등: conflict, controversy논란을 해결하다, deadlock정체된 상황을 해결하다, disagreement의견 불일치를 해소하다, dispute논란을 해소하다, tension긴장을 해소하다
> 문제: crisis, difference, difficulty, dilemma, issue, matter, mystery, problem, situation, uncertainty불확실성을 해소하다

169 resonate

생각이나 이야기가 많은 이들의 공감을 불러일으킨다고 할 때 쓸 수 있는 단어

resonate는 원래 반향을 일으킨다는 뜻인데, 어떤 사람에게 공감을 불러일으킨다는 의미로 잘 쓰입니다. 공감을 불러일으키는 이야기나 현상을 주어 자리에 놓고 resonate with 다음에 사람을 쓰면, 어떤 사람에게 그 이야기가 공감을 불러일으킨다는 의미가 되죠. 순서가 바뀌지 않도록 주의해야 합니다. 아래 예문을 참고하기 바랍니다.

- 유세 중 그가 던진 메시지는 많은 유권자들의 공감을 샀다.

The message he sent during a campaign resonated with many voters.

- 그는 떠났지만 그의 이름은 많은 이들의 마음에 기억될 것이다.

Even after he's gone, his name will resonate in the heart of many people.

- resonate의 주어들

> 메시지, 생각: message메시지가 반향을 일으키다, name이름이 기억되다, idea생각이 공감을 불러일으키다

170 respond

어떤 상황에 대처하거나 문제를 해결한다고 할 때, 구체적으로 말하지 않고 뭉뚱그려 respond to라고 표현할 수 있다.

respond는 '대응하다'라는 뜻입니다. 어떤 대응인지를 구체적으로 표현하지 않고 그냥 뭉뚱 그려 말할 때 쓸모 있는 단어이기도 하죠. 특히 업무와 관련해서는, 의도적으로 모호하게 말할 필요도 있죠. 우리말로 '적절히 대처하겠다' 정도 의미만 전달해야 하는 경우라면, 구체적인 단어를 쓰기보다 그냥 respond to ~ 정도만 말하는 것도 좋습니다.

- 내부 논의를 거쳐 적절히 대응할 것이다.

We will have an internal discussion and respond accordingly.

• 그 인터넷 기업은 급속한 기술 발전이 제시하는 문제에 더디게 대응해왔다.

The Internet company has been slow to respond to the challenges presented by rapid technological progress.

• **respond to의 목적어들**

> **어려움:** challenge어려움에 대응하다, crisis위기에 대응하다, emergency, situation
> **비판:** complaint불만에 대응하다, criticism, question
> **필요성:** demand수요에 대응하다, need필요성에, request요청에
> **압박, 의무:** pressure압력에 반응하다, stimulation자극에, stimulus, treatment

171 result

어떤 결과가 초래되었다고 할 때 resulting in 다음에 초래된 내용을 적어 효과적으로 표현할 수 있다.

result를 동사로 쓸 때는 아예 result in의 형태로 기억하는 게 좋습니다. '결국 어떤 결과가 초래 되었다'는 뜻이죠. result in은 소위 '분사 구문'의 형태로도 잘 쓰여요. 어떤 이야기를 한 다음에, resulting in ~를 추가하면 '그 결과로 ~와 같은 일이 생겼다'는 뜻이 됩니다. 아래 예문을 참고하세요.

• 범죄 조직에 대한 경찰의 급습이 종료되었고 20명이 체포되었다.

Police raid of the crime ring was over, resulting in 20 arrests.

• 주요 인터넷 기업이 하루 동안 서비스를 제공하지 못하는 바람에 전국적으로 공황 상태에 빠졌다.

The major Internet company went out of service for a day, resulting in a nationwide panic.

• **result in의 주어들**

change, effort노력이 ~인 결과를 낳다, incident, infection, meeting, process

• result in의 목적어들

혼란, 부정적 상황: chaos혼돈을 일으키다, collapse붕괴를 초래하다, confusion혼란을 일으키다, death~결과로 사망에 이르다, decrease, destruction, disaster, failure, shortage
개선, 좋은 상황: improvement~한 결과로 개선되다, increase, reduction, revision, success성공으로 이어지다
변화: reversal반전을 가져오다, shift전환을 초래하다, situation

172 retain

계속 지니고 유지한다는 뜻이므로, retain a lawyer라고 하면 변호인을 고용한 상황을 의미한다.

retain은 계속 지니고 유지한다는 뜻이에요. 특히 비즈니스에서는 직원들이 얼마나 오래 그 회사에 머무느냐를 얘기할 때 retain을 쓰죠. 명사형은 retention이고, retention rate이 이직률과 반대되는 재직률이 됩니다. 입사 후 얼마나 오랫동안 그 회사에 다니는가를 나타내는 지표이죠. 또, 변호사(lawyer)를 retain한다고 하면, 변호사를 선임하고 자문을 얻는다는 말이 됩니다. 변호사를 지속적으로 유지하는(retain) 것이 곧 변호사의 자문을 받는 것이니까요.

• 포스트 코로나 시대에 기업은 인재 채용 및 유지에 어려움을 겪고 있습니다.

In the post-Covid era, companies have difficulties hiring and retaining talents.

• 소송을 당하면 변호사를 고용하여 대응하는 것이 가장 좋다.

If you are sued by someone, it's best to respond to the suit by retaining a lawyer.

173 revitalize
'경제를 살리다'를 영어로 표현할 때 생각해 볼 단어

revitalize는 말 그대로 다시(re) 생기가 돌게 만들다(vitalize)라는 뜻입니다. 생명이 꺼져가는 것을 되살린다고 할 때 쓸 수 있죠. 무엇을 되살리느냐에 따라 다양한 단어가 목적어로 올 수 있습니다. 흔히 하는 '경제를 살리자'는 말도 revitalize the economy처럼 표현할 수 있습니다.

- 그 도시의 침체된 경제를 어떻게 살리느냐가 핵심 선거 쟁점이었다.

How to revitalize the city's sagging economy was at the heart of the election issues.

- 어려움을 겪고 있는 그 지역의 자동차 산업을 활성화하는 것이 최우선 의제였다.

Revitalizing the region's struggling auto industry was on top of the agenda.

- 짧은 낮잠이 긴장을 완화하고 활력을 줄 수 있다.

A short nap can reduce tension and revitalize you.

- revitalize의 목적어들

> **경제, 지역:** economy경제, neighborhood
> **커리어:** career

174 ring

ring true라고 하면 '사실이다'라는 의미가 된다.

ring은 '울리다'인데, 종이 울리면 그 소리가 지속적으로 퍼져 나가듯, 어떤 상태가 지속되는 것을 ring이라고 말할 수도 있습니다. 그래서 ring true는 어떤 것이 '진실이다', '사실이다'라는 뜻입니다. 종이 울리는 것 말고 어떤 상황이 지속되는 것을 가리키는 ring의 쓰임을 기억하기 바랍니다.

- "무엇을 아느냐가 중요한 게 아니라 누구를 아느냐가 중요하다"는 요즘 세상에 잘 맞는 말이다.

The saying "It's not what you know but who you know" rings true in today's society.

- 2000년대에 고등학교를 다녔던 한국인이라면 대부분 그의 이야기가 사실이라고 생각할 것이다.

His story will ring true for most Koreans who went to high school in the 2000s.

Exercise 4

▶ 다음 빈 칸에 가장 잘 어울리는 단어를 고르세요.

1. 사업을 위해서라면 경쟁사와도 파트너십을 맺을 수 있다는 게 그의 생각이다.

He thinks that for business, he can _____ up with competitors.

①partner ②player ③coordinator ④manager

2. 그는 일반인이 등장하는 예능 프로그램을 유행시킨 장본인이다.

He is the one who _____ entertainment programs featuring ordinary people.

①populared ②popularized ③polulationed ④popularitized

3. 마을에서 총기를 소유하고 있는 사람이 그분이었기에, 그가 범인일 거라고 추정했다.

Since he was the only person in town with a gun, we _____ that he was the culprit.

①consumed ②resumed ③insume ④presumed

4. 신제품 개발을 계속 진행해야 할지 아니면 일단 시장 상황을 지켜볼지 결정해야 한다.

You must decide whether to _____ with developing new products or to wait and see what the market situation is like.

①progress ②proceed ③process ④procedure

5. 오랫동안 자유를 억압한 것이 대중들을 거리로 뛰쳐나오게 만들었다.

The suppression of freedom for a long time _____ the masses to take to the streets.

①bought ②let ③made ④prompted

6. 꼭 필요한 물건인지 구매하기 전에 의문을 가져 보는 습관이 생겼다.

I got into the habit of _____ if I really need it before purchasing something.

①questioning ②querying ③curiousing ④interrogating

7. 언론사명과 기자명으로 좀 더 세세하게 검색할 수 있다.

You can _____ your search by media name and reporter name.

①refine ②define ③confine ④redefine

8. 제대로 된 박사학위를 받으려면 최소한 5년 이상 연구에만 몰두해야 한다고 생각한다.

Getting a proper PhD, I think, _____ at least five years of dedicated research.

①departs ②wants ③asks ④requires

9. 힘을 합하면 그 어떤 문제도 해결할 수 있다는 자세로 문제에 맞서야 한다.

We must face problems with the attitude that if we join forces, we can _____ any problem.

①respect ②respond ③resolve ④restore

10. 길지 않았지만 그의 연설은 많은 이의 공감을 샀다.

It wasn't long, but his speech _____ with many people.

①hollowed ②rippled ③sympathized ④resonated

11. 경제를 살리는 가장 쉬운 방법은 정부의 개입을 최소화하는 것이다.

The easiest way to _____ the economy is to minimize government intervention.

①renew ②revisit ③revitalize ④review

▶ 정답 및 해설

1 partner 혹은 partner up은 '파트너십을 맺다'라는 뜻을 지닌 동사 표현이다. player, coordinator 등은 동사로 활용되지 않는다.
2 '인기가 있게 만들다'라는 뜻을 지닌 동사는 popularize다.
3 정확한 증거는 없지만 추정하는 것을 presume이라고 한다. resume은 재개한다는 뜻이고, insume이라는 단어는 없다.
4 proceed는 쉽게 표현하면 go ahead와 같다. 일을 진행한다고 할 때 활용할 수 있는 동사다.
5 '~하게 만들다'라는 뜻을 지닌 동사도 여럿인데, prompt는 ~하도록 자극하거나 촉구한다는 의미다. make나 let도 같은 의미로 쓰일 수 있지만, to 부정사가 아니라 동사 원형이 뒤따른다.
6 질문한다는 중립적인 뜻을 지닌 ask와 달리, question은 의문을 지니거나 심문한다는 뜻이다.
7 더 깨끗하고 세련되게 만드는 것이 refine이다. 온라인 검색과 관련해서는 더 세세하게 만든다는 뜻이 된다. confine은 제한한다는 의미다.
8 무생물주어 구문에서 '~을 필요로 하다'라는 의미를 전달하는 단어가 require이다. '~해야 한다'라는 문장에 잘 등장하는 동사다.
9 문제점을 해결하는 것을 solve 혹은 resolve라고 한다.
10 resonate은 원래 소리가 울린다는 뜻이다. 소리가 울리듯 많은 사람들의 마음 속에 반향을 일으키는 것도 resonate라고 한다. hollow도 소리가 울린다는 뜻이지만, resonate와 같은 비유적인 의미로는 사용되지 않고, ripple은 잔물결처럼 퍼져나간다는 뜻이지만 뒤에 with many people이 나오면 어색하다.
11 다시 vital하게 드는 것이 revitalize다. 죽어가는 것을 다시 살린다는 뜻으로 쓸 수 있다.

정답
1 ① 2 ② 3 ④ 4 ② 5 ④ 6 ① 7 ① 8 ④ 9 ③ 10 ④ 11 ③

S~Y

175 screen
'스크리닝'이라는 외래어의 쓰임과 정확히 일치하는 단어

screen은 영화를 보는 스크린, 소위 '은막'을 지칭하지만, 뭔가를 걸러낸다는 뜻으로도 쓰입니다. '스크리닝한다'라는 외래어를 가끔 듣게 되죠. '막(screen)'을 통과하는 것과 통과하지 못하는 것을 가려 내듯이, 뭔가를 가려낸다고 할 때 screen 혹은 screen out이라고 표현할 수 있습니다.

- 건강하다고 느끼든 그렇지 않든, 40대가 되면 건강에 문제는 없는지 정기적으로 검사를 받아야 한다.

Whether you feel healthy or not, when you reach your 40s, you should be regularly screened for certain health issues.

- 지원자 심사를 위한 추가 절차가 공지되었다.

Additional procedures for screening applicants have been announced.

- screen의 목적어들

> **지원자, 후보:** applicant지원자를 걸러 내다, application지원서를 검토하다, candidate후보자를 검토하다, employee채용할 직원을 걸러 내다
> **광고, 프로그램:** call전화를 걸러 내다, program

176 scrutinize
꼼꼼히 조사하고 검사한다는 뜻으로 쓰이는 단어

scrutinize는 문제가 있을 수 있다는 생각에 뭔가를 꼼꼼히 들여다보거나 검사한다고 할 때

쓰는 단어입니다. 그 명사형 scrutiny도 잘 등장하는데, 그때는 under scrutiny처럼 전치사 under를 동반하는 경우가 많습니다.

- 주주 가치를 보호하기 위해서는 합병에 이르기까지의 과정을 면밀히 조사해야 합니다.

To protect shareholder value, the process leading up to the merger should be closely scrutinized.

- 성명을 발표하기 전에 모든 문장을 꼼꼼히 검토했다.

Every sentence of the statement was carefully scrutinized before announced.

177 secure

획득하거나 확보한다는 뜻으로 광범위하게 쓰이는 단어

secure는 '안전한'이라는 기본 의미에서 파생되어 뭔가를 획득한다는 뜻을 지닙니다. 안전하게 뭔가를 내 손에 넣는 상황을 말한다고 보면 됩니다. 예를 들어 예산이나 자원을 확보한다고 할 때 유용한 동사죠. 우리말 '확보하다'와 거의 일대일로 대응하니, 아래 콜로케이션을 참고하여 다양한 상황에서 활용해 보기 바랍니다.

- 한국은 H조 2위 자리를 확보해서 16강에 진출할 수 있었다.

Korea secured second place in Group H and was able to move on to the knockout stage.

- 우리는 새로운 마케팅 프로그램을 시작하기에 충분한 자금을 확보했습니다.

We have secured enough funds to initiate the new marketing program.

• **secure의 목적어들**

> **승인, 허락:** concession양보를 얻어내다, consent동의를 얻다, nomination후보 자격을 얻다, permission허락을 받다, permit인가를 받다
> **동의, 협력:** approval승인을 얻다, cooperation협력을 확보하다, majority과반수를 확보하다
> **명성:** network인맥을 확보하다, representation대표성을 확보하다, reputation명성을 얻다, victory승리를 얻다
> **자리:** place, position, seat의석을 얻다, spot자리를 얻다
> **지원:** backing지지를 확보하다, peace평화를 얻다, sponsorship지원을 얻다, support, vote
> **돈, 이익, 혜택:** contract계약을 확보하다, deal거래를 성사시키다, freedom, fund자본을 확보하다, funding, right권리를 얻다

178 seek

우리말 '추구하다'와 잘 어울리는 단어. 물질적인 것과 정신적인 것 모두에 대해 쓸 수 있는 단어로, 쓰임이 매우 넓다.

seek는 '찾다'라는 뜻인데요, 무언가를 '추구하다'라고 할 때 우선 떠올려 볼 단어입니다. 뭔가를 구하거나 추구하는 경우에 쓸 수 있기 때문에, 쓰임이 생각보다 굉장히 넓습니다. 아래 콜로케이션 리스트를 참고하기 바랍니다.

• **사용자를 늘리는 방법을 찾고 있습니다.**

We are currently seeking ways to increase registered users.

• **중국에서 사업체를 설립하기 위한 허가를 신청 중입니다.**

We are currently seeking permission to establish a regional operation in China.

• seek의 목적어들

방법, 해결책: alternative대책을 찾다, balance균형을 추구하다, deal딜을 성사시키려 하다, reform개혁을 하다, remedy치료법을 찾다, solution해결책을 찾다
허가, 인가: admission입학 허가를 받기 위해 노력하다, approval허가를 받고자 노력하다, authorization승인을 받고자 노력하다, confirmation확인을 받으려 하다, consent동의를 받으려 하다, permission, permit
동의, 의견: advice조언을 구하다, answer답을 찾다, assurance보장받으려 하다, comment언급을 듣고자 하다, compromise타협하다, feedback피드백을 받으려 하다, opinion의견을 구하다
변화: fame유명해지고자 하다, improvement개선하려 하다, refund, renewal
도움: assistance도움을 구하다, asylum망명을 하려 하다, backing지지를 구하다, comfort편안해지고자 하다, compensation보상을 받고자 하다, cooperation협력을 추구하다, counselling, cure, endorsement지지를 구하다, favor호의를 원하다, funding, guidance, partnership, promotion승진하고자 노력하다, protection보호를 받으려 하다, refuge대피하려 하다, shelter피난처를 찾다, sponsor, sponsorship후원을 얻으려 하다, support, therapy치료법을 찾다, understanding이해를 구하다
심리상태, 정서: consolation위안을 구하다, relief구원을 얻으려 하다
추상적 가치: equality평등을 추구하다, forgiveness용서하를 구하다, freedom, independence, justice, peace, recognition인정받고자 하다, reconciliation, representation대표해주기를 바라다, revenge복수하려 하다, solitude고독을 추구하다, truth, unity, vengeance복수하려 하다
언어, 정보: explanation설명을 구하다, information정보를 구하다, input알려주기를 바라다

179 sell

buy에 '믿다'라는 뜻이 있듯이, sell에는 '믿게 하다', '납득시키다'라는 뜻이 있다.

앞서 buy에 '믿다'라는 뜻이 있다고 설명했습니다. 그 반대말 sell도 '팔다'라는 뜻 이외에 '믿게 하다'라는 의미를 지니죠. buy가 지닌 '믿다'라는 뜻처럼, 격식을 차린 표현은 아니지만

일상에서 많이 들을 수 있습니다. 어떤 '아이디어'를 믿게 만들기도 하고 '사람'을 납득시키기도 하므로, I sold the idea.처럼 아이디어를 목적어로 두거나 I sold him on the idea.와 같이 사람이 sell 뒤에 오기도 합니다. 후자의 경우 He was sold on the idea.와 같은 수동형 문장도 만들 수 있죠. 그래서 be sold on ~은 '~을 믿는다'는 뜻이 됩니다.

- 그의 프레젠테이션을 본 후 이 투자를 신뢰하게 되었다.

After seeing his presentation, I'm sold on this investment.

- 그 정당은 감세 법안을 유권자들이 받아들이게 하려고 노력 중이다.

The political party is trying to sell the tax reduction bill to the voters.

180 serve

'제공하다'라는 기본 뜻에서 나아가 '~의 역할을 하다', '~와 같은 효과를 내다'라고 할 때 쓸 수 있는 단어다.

serve는 '제공하다'라는 뜻이죠. 그래서 음식을 제공할 때 serve라고 말하는데, '~역할을 하다'라는 뜻으로 serve as ~처럼 쓰는 경우도 많습니다. serve as의 형태로 등장할 때는 '제공하다'가 아니라 '~역할을 하다'라는 의미로 이해하면 되겠습니다.

- 그 판결은 처벌받지 않을 것이라고 믿는 악플러들에게 경고 역할을 할 것이다.

The ruling would serve as a warning to those trolls who believe that they would not be punished.

- 이 기계는 65세 이상 노인들의 건강을 위한 요구에 부응할 것이다.

This machine will serve the health needs of those aged 65 or older.

181 shape

동사로 쓰면 '모양을 만들다'라는 뜻이 되므로, 지금과 같은 모습이나 상황을 형성했다는 의미로 쓸 수 있는 단어다.

shape는 '모양'을 가리키는 쉬운 명사지만, 어떤 모양으로 만든다는 동사 의미도 있죠. 좀 어렵게 말하면 '형성한다' 정도 의미가 됩니다. 어떤 사람의 인격이 형성되거나 어떤 특성이 만들어지거나 할 때 shape라고 표현할 수 있어요.

- 60-70년대 열심히 일한 우리의 부모님들이 오늘날의 한국을 만들었다.

It was our parents who worked hard during the 1960s and 70s that shaped today's Korea.

- 성격의 상당 부분은 어린 시절의 경험에 의해 형성된다.

A huge part of one's personality is shaped by what they experience in childhood.

- shape의 목적어들

> **태도, 자세:** attitude태도를 형성하다, identity정체성을 형성하다
> **행동:** behavior행동방식을 형성하다
> **문화:** culture문화를 만들다, practice관습을 만들다
> **환경, 모습:** character성격을 형성하다, environment환경을 만들다, future미래를 만들다, landscape환경을 만들다, personality인격을 형성하다, society어떤 사회를 만들다
> **생각, 관점:** idea생각을 형성하다, opinion의견을 형성하다, perception개념을 만들다, thinking사고를 정하다, view관점을 형성하다

182 share

우리말 '공유하다', '나누다'보다 활용 범위가 더 넓은 단어다.

share는 '나누다'인데, 소유하고 있는 것을 나눈다는 의미로도 쓰지만, 같은 생각이나 감정을 지니는 상황을 표현하기도 합니다. share 다음에 올 수 있는 명사의 범위는 우리가 생각하는 것보다 훨씬 넓죠. 아래 콜로케이션 리스트를 참고하세요.

• 저는 자녀가 없지만 컴퓨터 게임의 부적절한 콘텐츠에 대한 부모들의 우려에 동감합니다.

I don't have a child, but I can share the concern of most parents about the inappropriate content of computer games.

• 팀원 모두가 사고에 대한 책임을 공유해야 한다고 생각합니다.

I think everyone in the team should share the blame for the accident.

• share의 목적어들

긍정적 감정: affinity서로 친근하다, appreciation감사의 마음을 나누다, desire비슷한 욕망을 지니다, emotion감정을 공유하다, feeling, joy, passion비슷한 열정을 지니다,
부정적 감정: anxiety근심을 나누다, grief, pain, skepticism같이 회의적인 태도를 보이다, sentiment정서를 나누다, sorrow슬픔을 나누다, suffering고통을 나누다, suspicion같이 의심하다, worry
관점: point of view같은 관점을 지니다, taste취향이 같다, value가치관이 같다, view, viewpoint, vision비전이 같다
생각: anecdote같은 일화가 있다, belief, detail, faith, idea, ideology이념을 공유하다, information, insight식견을 나누다, intelligence정보를 나누다, knowledge, memory같은 기억을 지니다, news, opinion, philosophy철학이 같다, recipe조리법을 공유하다, secret비밀을 서로 공유하다, story, thought
특성: feature비슷한 특성을 지니다, heritage같은 전통을 지니다, spotlight같이 주목을 받다, trait같은 특성을 지니다
공간, 장소: apartment, border국경을 접하다, cab택시를 같이 타다, room, space,

stage
사물, 부담: burden짐을 나누다, food, load짐을 나누다, resource, workload일 부담을 나누다
사람, 가치: ancestor조상이 같다, ancestry조상이 같다, characteristic특성이 같다, confidence같은 확신을 지니다, connection같은 인맥이 있다, duty같은 의무를 지니다, enthusiasm같은 열정을 지니다, experience, expertise전문성을 나누다, fate같은 운명이다, goal, honor영광을 함께 하다, hope, ideal이상이 같다, interest관심사가 같다, optimism같이 낙관적으로 생각하다, power, prize, prosperity공동번영하다, responsibility책임을 나누다, tradition, wealth

183 shift

'바꾸다', '변화한다'라고 말할 때, change만 생각하지 말고, shift나 switch를 활용해 보자.

'바꾸다', '변화한다'라는 말을 할 때, change만 생각하지 말고 '전환하다'라는 뜻을 지닌 shift를 떠올려 볼 필요가 있습니다. 어떤 상태에서 다른 상태로 전환되거나 변화된다고 할 때는 shift나 뒤에서 설명할 switch가 좋은 대안이 됩니다.

- 백악관은 언론의 관심을 정치 스캔들로부터 다른 곳으로 돌리고 싶어 한다.

The White House hopes to shift the media's attention away from the political scandal.

- 그 캠페인은 상황을 여당에 유리하게 전환시켰다.

The campaign shifted the balance in favor of the ruling party.

- shift의 주어들

관심, 집중: attention주목하는 대상이 바뀌다, focus중점을 두는 대상이 바뀌다,

balance균형이 바뀌다
태도, 기분: attitude태도가 바뀌다, mood기분이 바뀌다
강조: emphasis강조점이 바뀌다

- **shift의 목적어들**

관심, 집중: attention다른 것에 주목하다
태도, 기분: loyalty, responsibility책임을 전가하다
강조: blame책임질 대상을 바꾸다 , emphasis강조점을 바꾸다
방향: balance균형을 바꾸다, direction, gear기어를 변속하다
관점: focus중점을 두는 대상을 바꾸다, perspective, position입장을 바꾸다, stance 입장을 바꾸다, tactic전술을 바꾸다

184 showcase

명사로 '진열대'를 뜻하지만, 동사로 뭔가를 잘 보여 준다는 의미다.

showcase는 원래 명사로 '진열대'를 뜻하는데, 동사로 '잘 보여 준다'는 뜻도 지닙니다. 진열대에서 어떤 것을 보여주듯이 홍보해야 될 대상을 정확히 홍보하는 것을 showcase라고 하죠. 명사에서 동사로 바뀐 단어들이 그렇듯이, 더 구체적인 느낌을 주는 단어입니다.

- 이번 전시회에서는 전 세계 다양한 브랜드들이 자신의 제품을 선보였다.

At the exhibition, various brands around the world showcased their products.

- 1988년 올림픽은 한국의 경제적 성과를 과시할 수 있는 기회가 되었다.

The 1988 Olympic Games gave Korea an opportunity to showcase its economic achievements.

- **showcase의 목적어들**

  > 예술: art, artist, collection
  > 상품: product상품을 진열하다, work작품을 진열하다
  > 재능: skill기술/능력을 보여주다, talent재능을 보여주다

185 sidestep

옆으로 피한다는 뜻인데, 특히 비판이나 비난을 비껴 간다고 할 때 쓸 수 있는 단어다.

sidestep은 옆으로 피한다는 뜻이죠. '피하다'라고 할 때 avoid, dodge 등 여러 동사가 있는데, sidestep은 옆으로 살짝 움직여 뭔가를 피해나가듯 비판이나 비난을 비껴 나가는 모습을 표현합니다.

- 후보자는 자신의 사생활에 대한 모든 민감한 질문을 회피했다.

The candidate sidestepped all the sensitive questions about his personal life.

- 문제를 피하는 가장 좋은 방법은 새 스마트폰으로 업그레이드하는 것입니다.

The best way to sidestep the problem is upgrading to a new smartphone.

- **sidestep의 목적어들**

  > 비판: criticism비판을 피하다, question질문을 피하다
  > 문제: issue문제를 회피하다, problem

186 spearhead

spearhead는 '창끝'을 말한다. 비유적으로 가장 앞장서 주도한다는 뜻이다.

spear가 '창'이고 head는 '머리'니까 spearhead는 원래 '창의 머리', 곧 '창끝'을 지칭하죠. 창으로 찌를 때 창끝이 가장 먼저 어떤 사물에 닿듯이, 어떤 것을 가장 앞서서 주도한다고 할 때, spearhead라고 말할 수 있습니다. 움직임이나 변화 같은 것을 주도한다고 할 때 근사하게 쓸 수 있는 단어입니다.

• 최근 그 국가의 경제성장을 이끈 것은 금융부문이었다.

It was the financial sector that spearheaded the country's recent economic growth.

• 암호화폐 사업에서 사기사건을 막는 노력을 주도하는 것이 그녀의 새로운 역할이다.

In her new role, she is spearheading the drive to stamp out fraud in cryptocurrency businesses.

• spearhead의 목적어들

> 공격: attack공격을 주도하다, fight싸움을 주도하다
> 캠페인, 추진: campaign, drive공세를 주도하다, effort, initiative계획을 주도하다, movement
> 이동, 변화: development, move움직임을 주도하다

187 split

divide와 함께 '나누다'라는 뜻으로 빈번히 쓰이는 단어

split은 '나누다'라는 뜻입니다. split the bill이라고 하면 '계산서를 나누다', 즉 '나눠서 계산

을 한다'라는 말이 됩니다. 특히, '여론이 나뉘었다', '국민 여론이 둘로 갈렸다'처럼 말할 때 split을 활용할 수 있습니다.

- **사소한 것을 따지지 말고 가장 중요한 핵심으로 돌아가자.**

Let's stop splitting hairs and get back to what's most important.

(*split hairs: 사소한 것을 놓고 따진다는 뜻의 관용표현)

- **사장님과 밥을 먹고 각자 내는 것이 자연스러운가?**

Is it natural to eat with the boss and split the bill?

- **split의 목적어들**

> **계산서:** bill나눠 계산하다, check나눠 계산하다
> **의무, 일:** duty업무를 나누다
> **돈, 이익:** proceeds수익을 나누다, profit이익을 나누다

188 spread
빨리 퍼져 나가고 유행한다고 할 때 쓰는 단어

spread는 퍼뜨린다는 뜻과 퍼져 나간다는 뜻을 모두 지닙니다. 그래서 어떤 유행이 번져 나간다, 질병이나 바이러스가 퍼져 나간다고 할 때 spread로 표현할 수 있죠. 넓게 퍼져 나가거나 번져 나가는 것을 표현할 때 우선 떠올려 볼 단어입니다. 아래 콜로케이션 리스트를 참고하기 바랍니다.

- **코로나 사태를 통해 전염병이 얼마나 전세계적으로 빨리 퍼질 수 있는지 알게 되었다.**

Through the Covid situation, we learned how quickly a plague can spread around the world.

- **우리 팀에 대한 온갖 소문을 퍼뜨린 사람은 스티브였다.**

It was Steve who spread all the rumors about our team.

• spread의 주어들

생각: awareness인식이 퍼져나가다, rumor소문이 퍼지다, story, word소문이 퍼지다
질병: cancer암이 퍼지다, disease, epidemic전염병이 퍼지다, infection감염이 확대되다, plague, virus
뉴스, 소문: fame명성이 알려지다, news
분위기: effect, panic공황상태가 확산되다, religion, revolt반란이 확대되다, ripple물결이 퍼지다, sensation, silence, violence
화재, 사건: fire, flame, revolution혁명이 번져나가다, war

• spread의 목적어들

생각: faith신념을 퍼뜨리다, ideology이념을 확산시키다, knowledge, myth신화를 확산시키다
질병: disease, germ세균을 퍼뜨리다, infection, plague, poison, virus
뉴스, 소문: gossip, message, misinformation잘못된 정보를 퍼뜨리다, news, rumor, story, word
분위기: influence영향을 확대하다, joy, panic, religion
광고: propaganda선전 선동을 퍼뜨리다
위험, 부정적인 것: risk, terror공포를 확산시키다

189 stand

뒤에 오는 단어에 따라 '일어서다' 이외에 다른 뜻도 지니는 동사다.

'일어서다'라는 뜻으로 익숙한 stand인데, 우리가 쉽게 생각해 내기 어려운 콜로케이션들이 있습니다. 우선 '재판'을 의미하는 trial과 함께 쓰이면 '재판을 받다'라는 뜻입니다. 재판정에 서 있는 모습을 생각하면 의미를 쉽게 짐작할 수 있죠. 또 **stand vigil**이라고 하면 밤새 불침

번을 서거나 환자 곁을 지키는 것을 가리킵니다. 특히 '재판하다'라는 의미를 기억하고 활용해 보기 바랍니다.

- 그 주식 중개인은 주식투자 사기 혐의로 재판을 받아야 했다.

The stockbroker had to stand trial for securities fraud.

- 전 시장은 여러 혐의로 재판을 받았다.

The former mayor stood trial on a number of charges.

- stand의 목적어들

> 기회: chance~할 가능성이 있다
> 경계, 주의: vigil경계를 하다, watch보초를 서다

190 state

'진술하다'가 기본 뜻인데, '문서에 그렇게 쓰여져 있을 뿐'이라는 의미로 쓰이는 경우도 많다.

state에는 '진술하다'라는 뜻이 있죠. 문서에 쓰거나 공식적으로 자신의 입장을 진술하는 것을 말합니다. 그런데 어떤 사람이 지닌 실제 의도나 본심은 진술하는 내용과 다를 수 있죠. 그래서 state를 과거분사로 만들어 stated reason이라고 하면 '그냥 문서에 씌어 있을 뿐인 이유'를 가리킵니다. '실제 이유는 따로 있고 그냥 말이 그렇다는 거다'라는 의미를 영어로 표현할 때, stated를 활용하면 됩니다.

- 명분은 국민통합 극대화였지만 진짜 의도는 더 많은 표를 얻는 것이었다.

The stated reason was to maximize national unity, but the real intent was to get more votes.

- 뉴턴의 운동 제2법칙에 따르면 물체의 가속도는 물체에 작용하는 힘과 물체의 질량이라

는 두 가지 변수에 따라 달라진다.

Newton's second law of motion states that the acceleration of an object is dependent upon two variables - the net force acting upon the object and the mass of the object.

• state의 주어들

> 글, 책: document문서에 ~라고 씌어 있다, email, letter, message, report
> 광고: advertisement, sign
> 법, 규정: article제 몇 조에 따르면 ~이다, guideline, rule

• state의 목적어들

> 생각, 의견 belief신념을 기술하다, desire, fact, objection, opinion, reason, view
> 목표, 목적 intention의도를 적다, objective목표를 적다, preference

191 stay

어떤 상태를 계속 유지한다는 뜻이다. stay 뒤에 바로 형용사가 나오는 문형에 익숙해지자.

스티브 잡스가 했던 말, Stay hungry. Stay foolish.가 워낙 유명하기 때문에 stay의 의미도 잘 생각해 낼 수 있습니다. 어떤 상태를 유지한다는 뜻이죠. 오래도록 그런 상태로 있다고 말할 때 stay 다음에 다양한 단어를 붙일 수 있습니다. 아래 예문의 stay healthy, stay invested도 좋은 예입니다.

• 건강을 유지하려면 올바르게 섭취하십시오.

Eat right to stay healthy.

- "장기 투자를 하라"는 대부분의 사람들이 얘기하는 주식 투자 성공 비결이다.

"Stay invested" is what most people say about successful stock investment.

192 steer

방향을 잡아 나간다는 뜻이고, 특히 steer clear of라고 하면 '~로부터 멀리하다'라는 의미다.

자동차 '핸들'을 영어로는 handle이라고 하지 않고 steering wheel이라고 하죠. handle은 콩글리시입니다. 이렇듯 steer는 방향을 잡아 나가거나 조정해 가는 것을 가리키죠. 의미가 더 확대되어, 피해야 할 것을 피하고 어려운 상황을 잘 이겨 나가는 것도 steer라고 합니다. steer가 들어가는 표현 중에 steer clear of가 있는데요. clear of니까 닿지 않고 깨끗한 상태를 유지한다는 의미죠. 그래서 '피해서 나아가다', '가까이하지 않다', '멀리 하다'라는 뜻으로 쓰는 표현이 steer clear of입니다.

- 다른 사람을 험담하는 사람들을 멀리하십시오.

Steer clear of those who speak ill of other people.

- 우리 엄마는 항상 내가 가공육을 멀리하고 신선한 야채를 먹도록 유도하려고 애쓰셨다.

My mom always tried to steer me away from processed meat and toward fresh vegetables.

193 stimulate

우리말 '자극하다'가 모두 stimulate와 대응하는 건 아니다. 예를 들어 '자극적 음식', '분노를 자극하다'와 같은 경우에는 어울리지 않는다.

stimulate는 자극한다는 뜻인데, 우리말 '자극하다'와 겹치는 쓰임도 있지만 그렇지 않은 쓰임도 많습니다. 예를 들어 '자극적인 음식'을 얘기할 때 stimulate를 쓰는 것은 적당하지 않죠. stimulate는 호기심이나 어떤 정서를 자극한다고 할 때 쓰는 단어입니다. -ing를 붙인 stimulating을 형용사처럼 쓰기도 하죠. 그래서 부사와 함께 mentally stimulating, intellectually stimulating처럼 말하면 각각 '정신적으로 자극이 되는', '지적으로 자극이 되는'이라는 뜻이 됩니다.

- 오빠는 클래식 음악에 대한 나의 관심을 자극했다.

My brother stimulated my interest in classical music.

- 중앙은행은 소비를 촉진하기 위해 금리를 인하하기로 결정했다.

The central bank has decided to lower rates to stimulate consumer spending.

- stimulate의 목적어들

> **지적활동** discussion논의를 자극하다, innovation혁신을 자극하다, mind생각을 자극하다, research, thinking
> **투자, 경제활동** consumption소비를 자극하다, demand, economy경제를 활성화하다, employment, growth, investment
> **욕망** appetite식욕을 자극하다, desire욕망을 자극하다
> **호기심** creativity, imagination상상력을 자극하다, interest관심을 자극하다
> **변화** circulation순환을 자극하다, competition, development, recovery, response, revival

194 streamline

streamline은 '유선형'을 뜻하는 명사인데, '유선형으로 만들다'라는 동사로 쓰일 수도 있다.

streamline은 '유선형'을 가리키는 단어인데, '유선형으로 만들다'라는 동사로 활용할 수도 있습니다. 그럴 경우 비즈니스에서는 '구조조정을 하다'라는 의미가 될 수도 있죠. 군살을 빼고 유선형으로 만드는 게 쓸데없는 사업부문을 정리하는 것이기 때문입니다.

- 지사들을 정리하고 우리의 강점에 더 집중할 것입니다.

We are going to streamline our regional operations and concentrate more on our strengths.

- 주택담보대출 신청 절차를 간소화해야 합니다.

The process of applying for mortgage loans need to be streamlined.

- **streamline의 목적어들**

> 조직: management운영을 간소화하다, system
> 절차: process절차를 간소화하다

195 strike

strike는 '때리다'라는 뜻이지만, '어떤 인상을 주다'라는 의미로도 쓰인다. 이 때 문형에 주의해야 한다.

strike는 '때리다'가 기본 뜻인데, '어떤 인상을 주다'라는 의미로도 잘 쓰여요. '나를 어떤 느낌으로 때렸다'라는 기본 의미에서 나온 표현이라고 보면 되겠죠. 그래서 strike 다음에 사람, 그리고 형용사를 쓰면, '~에게 어떤 인상을 주다'라는 뜻이 됩니다. 사람이 주어 자리에 위치하는 수동형 문장도 가능합니다. 예를 들어 I was struck speechless.는 '나는 할 말을 잃었다'라는 뜻이죠. 어떠한 상태가 되는지를 표현하는 strike를 기억하기 바랍니다.

- 가장 먼저 든 생각은 도난 당시 사무실에 누군가가 있었다는 것이었다.

The first thing that struck me was that there was someone in the office at the time of theft.

- 존슨은 매우 유능한 사업가라는 인상을 받았습니다.

Johnson struck me as a very competent businessman.

196 suit

suit는 명사로 양복 한 벌이라는 뜻인데, 동사로 '잘 어울린다', '~에 잘 맞는다'라는 의미로도 쓰인다.

suit는 '양복 한 벌'이라는 뜻인데, '잘 어울리다'라는 뜻도 있어요. 옷이 잘 맞는다는 의미가 아니라 어떤 방식이 잘 어울린다는 의미로 쓰는 거죠. 예를 들어 Whatever suits you the best is your way.라고 하면, '자기한테 잘 맞으면 그게 최고다'라는 뜻이 됩니다. 딱 맞는 맞춤 양복을 입듯 어떤 것이 잘 어울린다고 할 때 suit으로 표현할 수 있습니다.

- 영어 공부에 관해서는 자신에게 가장 잘 맞는 방법이 올바른 방법입니다.

When it comes to studying English, whatever suits you the best is the right way.

- 개인 취향에 맞게 소셜 미디어 페이지를 사용자 정의할 수 있다.

You can customize the social media page to suit your personal tastes.

- suit의 목적어들

분위기: lifestyle생활양식에 맞다, mood기분에 어울리다, personality성격에 맞다,

preference, taste취향에 어울리다
필요: need필요에 맞다, requirement요구사항에 맞다
목적: purpose목적에 맞다

197 surpass

exceed처럼 '능가하다', '뛰어넘다'를 표현할 때 우선 생각할 단어

앞에서 설명한 exceed처럼 surpass도 '능가하다'라는 뜻을 지닙니다. 두 단어를 같이 기억하고 바꿔가며 표현해 보기 바랍니다.

• 그의 성과는 우리의 모든 기대를 뛰어넘었다.

His performance surpassed all our expectations.

• 프린스턴이 대학순위에서 하버드를 제쳤다.

Princeton surpassed Harvard in university ranking.

• surpass의 목적어들

예상: expectation예상을 능가하다
수치: mark수치를 능가하다

198 survey

동사로 '여론조사를 하다', '~를 대상으로 조사하다'라는 뜻이다.

survey는 '여론조사'를 뜻하는데, '여론조사를 하다'라는 동사 뜻도 지니죠. 그래서 '조사 대상자 중 몇 명이 ~라고 답했다', '누구를 대상으로 조사를 했는데 어떠했다'처럼 말할 때 잘 활용할 수 있습니다.

• 조사에 참여한 100명의 CEO 중 50% 이상이 내년 경제에 대해 긍정적인 전망을 갖고 있다고 답했습니다.

Of 100 CEOs surveyed, more than 50% said they have a positive prospect for next year's economy.

• 5,000명의 고객을 대상으로, 사용하는 스마트폰에 대한 만족도를 조사했습니다.

Researchers surveyed 5,000 customers about their level of satisfaction of smartphones they use.

199 survive

be survived by ~처럼 쓰면 '유가족으로 누가 있다'라는 의미가 된다.

survive는 '생존하다'라는 뜻인데, 그냥 '생존하다' 혹은 '살아남다'라는 의미 말고, 뒤에 목적어가 오는 쓰임에 주의할 필요가 있습니다. 목적어로 어떤 사람이 오는 경우 그 사람보다 '오래 살다'라는 뜻이에요. 그래서 '유가족으로 ~가 있다'라고 할 때 survive를 활용합니다. 예를 들어 He is survived by two daughters.라고 하면 '유족으로 딸 둘이 있다' 이런 뜻이죠. '딸 둘이 그보다 더 오래 생존했다'라는 의미이기 때문에 유가족이 누구인지 설명하는 말이 됩니다. 이 뜻일 때는 수동형으로 활용되는 데 주의해야 합니다.

• 유족으로 아내와 두 딸이 있습니다.

He is survived by his wife and two daughters.

• 그녀는 비행기 추락 사고에서 살아남은 유일한 사람이었습니다.

She was the only one who survived the plane crash.

200 suspect

우리말 '의심하다'에 해당하는 suspect와 doubt의 쓰임을 구별해야 한다.

의심한다고 할 때 suspect와 doubt를 구분해야 합니다. doubt는 다음에 나오는 내용을 믿지 못한다는 뜻입니다. 사실이 아니라고 의심한다는 거죠. 반면 suspect는 다음에 나오는 사실이 맞을 거라고 의심한다는 뜻입니다. 그러니까 I suspect that ~ 라고 하면 that 이하가 맞을 거라는 의혹을 지니고 있다는 뜻입니다. doubt와는 의미가 반대죠. 그냥 '의심하다'라는 우리말 정의만 외우면 doubt와 suspect를 같은 뜻으로 착각할 수 있습니다. 의미 차이가 있으니 주의해야 합니다.

- 그녀는 그가 무언가를 숨기고 있다고 강하게 의심했다.

She strongly suspected that he was hiding something from her.

- 냉각수가 엔진에 들어갔기 때문이라고 생각합니다.

I suspect it was because the coolant leaked into the engine.

201 sway

물리적으로 왔다갔다하는 것뿐 아니라 여론이 좌우되는 것을 표현할 때도 유용하다.

sway는 이리저리 왔다갔다하게 만든다는 뜻인데, 특히 여론에 영향을 미친다고 할 때 쓰는 동사입니다. 예를 들어 sway the public opinion은 '여론에 영향을 미치다', '여론을 좌지우지하다'라는 뜻이에요. 특히 이슈나 여론을 말할 때 잘 등장하는 단어입니다.

- 그가 결코 감정에 휘둘리지 않는다는 점을 저는 존경합니다.

What I really admire about him is he never allows himself to be swayed by his feelings.

- 그는 선전을 통해 여론을 쉽게 흔들 수 있다고 믿는다.

He believes that he can easily sway the public opinion through propaganda.

- sway의 목적어들

> 여론: opinion여론을 좌지우지하다
> 정치: election선거를 좌우하다, vote투표를 좌우하다, voter유권자를
> 결정: decision결정을 좌우하다

202 switch

'변화하다'를 change라고만 하지 말고 switch나 shift로 표현해 보자.

앞서 shift에서 설명했듯, 변화한다고 할 때 '전환하다'라는 의미로 switch나 shift를 활용할 수 있습니다. 보통 switch to, shift to처럼 전치사 to와 함께 쓰이죠. 스위치(switch)가 켜고 크고 둘 사이에서 왔다갔다한다는 점을 기억하면 이해가 쉽습니다. 이쪽에서 저쪽으로 전환될 때는 change보다 switch를 써 보기 바랍니다.

- 그는 미국에서 10년 이상을 보냈고 언제든 한국어와 영어 사이를 왔다갔다할 수 있다.

He spent more than ten years in the States and can switch between Korean and English any moment.

- 신규 고객 유치에서 기존 고객에게 어필하는 쪽으로 초점을 전환했습니다.

We switched focus away from attracting new customers to appealing to existing consumers.

- **switch의 목적어들**

  > **방향, 초점:** direction방향을 전환하다, focus초점을 전환하다
  > **장소:** lane차선을 바꾸다, place장소를 바꾸다, track길을 바꾸다
  > **역할, 입장:** role역할을 바꾸다, side진영을 바꾸다, tactic
  > **주제, 논의 의견:** subject

203 talk

'말하다'라는 뜻을 지닌 tell, say, talk는 쓰임이 조금씩 다르므로 구별해서 써야 한다.

'말하다'라는 뜻을 지닌 단어는 say, talk, tell 등 다양하죠. 이 단어들의 기본 뜻에는 익숙합니다만, 문장을 만들 때 이런저런 실수를 하기가 쉽습니다. 예를 들어, '~ 라고 이야기하다'라고 할 때는 say that ~이 자연스럽고, I talked that ~처럼 말하는 것은 어색합니다. I talked to him that ~처럼 누구에게 이야기했는지를 밝히고 that 절 다음에 말하는 내용을 쓰는 것은 자연스럽습니다. 또, talk는 '말'과 '행동'을 구분했을 때 '말'에 해당하는 단어예요. 그래서 talk the talk but not walk the walk라고 하면 그냥 말만 하고 행동을 하지 않는다는 뜻이 되죠. talk가 '말뿐이다'를 영어로 표현할 때 등장하는 단어라는 점도 기억하기 바랍니다.

- 환경 보호에 관해, 그는 말은 하지만 행동으로 옮기지는 않는다.

When it comes to saving the environment, he talks the talk but doesn't walk the walk.

204 tempt

be tempted to ~는 '~할 유혹을 느끼다'라는 뜻이다.

'유혹'을 뜻하는 temptation은 tempt에서 나온 명사죠. 동사 tempt는 '~하게 만들다', '~을 하고 싶은 유혹을 느끼게 하다'라는 의미입니다. 반드시 이성을 유혹한다는 의미는 아니고, 무언가를 하는 마음이 들게 만드는 것이 tempt죠. 사람이 주어 자리에 오는 수동형 문장으로 be tempted to ~처럼 활용할 수도 있습니다.

• 오래 휴가를 다녀온 뒤 회사를 그만두고 싶다는 유혹이 들었다.

After taking a long vacation, I was tempted to quit.

• 사람들이 우리 웹사이트에 가입하도록 유혹하기 위해 많은 무료 선물을 제공할 계획입니다.

We are planning to give away a lot of free gifts to tempt people to join our website.

205 trade

동사로 '거래를 하다', '주고받다'라는 의미를 지닌다. 특히 trade in A for B의 문형이 유용하다.

trade는 명사로 '무역', '거래'를 뜻하고, 동사로는 '거래를 하다', 즉 '주고 받다'라는 의미입니다. 그래서 trade in A for B라고 하면, A를 내놓고 B를 받는 것을 말하죠. 'B를 위해 A를 트레이드한다'라고 생각하면 이해가 쉽습니다. 그냥 거래라는 뜻 말고, 뭔가를 내주고 받는다는 의미도 기억하기 바랍니다.

• 프로모션 기간 동안 내 구형 자동차를 새 모델로 교환할 수 있었다.

During the promotion period, I was able to trade in my old car for a new model.

206 treat

좋은 것을 경험하게 해주다, '한턱내다'라는 뜻의 treat를 기억하자.

treat는 '다루다'라는 뜻으로 익숙한데, '한턱내다'라는 말을 영어로 표현할 때 쓸 수도 있죠. 'treat + 사람 + to + 좋은 것' 이렇게 말하면 '그 사람이 좋은 것을 즐기도록 해주다'라는 의미가 됩니다. 그래서 I'll treat you to dinner.는 '내가 저녁 한턱 낼게'라는 뜻이 되죠. treat 다음에 꼭 음식에 관한 표현만 오는 것은 아닙니다. 예를 들어 treat myself to new clothes 라고 하면 좋은 옷을 사서 스스로 기분이 좋게 만들었다는 뜻이 됩니다.

- 사장님은 프로젝트가 끝난 후 팀원들에게 저녁을 샀다.

My boss treated the team members to dinner after the project was over.

- 유명 인사의 생일 파티에서 손님들은 와인과 캐비어를 대접 받았다.

Guests were treated to wine and caviar at the celebrity's birthday party.

207 trust

우리말 '믿다'에 해당하는 영어 단어도 여럿인데, '신뢰하다'와 가장 가까운 단어는 trust다.

어떤 사람을 믿는다고 할 때 believe를 먼저 생각하게 되지만, 신뢰한다는 의미일 때는 trust 가 가장 적합합니다. 반대로 I don't trust ~라고 하면 ~를 믿지 못하겠다는 의미가 되죠.

- 우리가 없는 동안 당신의 아들을 믿고 우리 개를 맡길 수 있을까요?

Can your son be trusted to look after our dog while we are away?

- 나는 요즘 대부분의 여론조사 결과를 믿지 않는다.

I don't trust the results of most opinion polls these days.

208 try

'재판을 받다'는 동사 try만으로 충분히 표현할 수 있다.

'재판을 받다'라는 말을 어렵게 해야 할 것 같지만, try라는 단어 하나만으로도 충분히 표현할 수 있어요. try는 '시도하다'라는 뜻으로 익숙하지만, '재판하다'라는 의미도 지니기 때문에, 사람을 주어로 쓰고 다음에 be tried를 붙이면 그 사람이 재판을 받았다는 말이 됩니다.

- 그는 회사 금고에서 돈을 훔치려 시도한 혐의로 재판을 받았다.

He was tried for attempting to steal money from the company's safe.

- 그는 재판도 받지 않고 몇 달을 감옥에서 보내야 했다.

He had to spend months in prison even without being tried.

209 undersell

실제보다 낮은 가격에 판매한다는 기본 뜻에서 파생되어, 겸손한 태도를 일컫는 말로도 쓰인다.

동사에 under-나 over-를 붙여 부족하거나 지나치다는 의미를 전달하는 경우가 많습니다. undersell은 '실제 팔아야 될 가격보다 싼 가격에 팔다'라는 뜻인데, 정말로 물건이나 서비스를 팔 때 쓰기도 하지만, 어떤 사람이 자기 자신을 낮추거나 겸손한 태도를 보일 때도 쓸 수 있습니다. undersell oneself라고 하면 '자기 자신을 싼 값에 팔다', 즉 겸손한 태도를 보인다는 뜻입니다. 반대로 oversell oneself는 자기 능력을 과장하거나 부풀리는 태도를 가리킵니다.

• **면접에서 자신을 지나치게 낮출 필요는 없다.**

You don't have to undersell yourself at a job interview.

• **그는 정말 겸손한 사람입니다. 항상 자신을 낮춥니다.**

He is such a modest guy. He always undersells himself.

210 undertake
책임이나 업무를 맡는다고 할 때 쓸 수 있는 단어

undertake는 일상에서 흔히 쓰게 되는 단어는 아니지만, 업무와 관련해서는 '일을 맡는다', '책임을 맡는다'라고 할 때 잘 등장합니다. 아래 콜로케이션 리스트를 보면, 임무, 활동, 프로젝트를 가리키는 단어들과 잘 어울림을 알 수 있습니다.

• **제이슨은 영업 부서 구성원의 성과 평가를 위한 새로운 시스템 개발 임무를 맡았다.**

Jason undertook the task of developing a new system to evaluate the performance of the sales personnel.

• **고등 교육 분야에서 ChatGPT의 효용을 확인하기 위한 새로운 연구가 진행되고 있다.**

A new study is being undertaken to determine the effects of using ChatGPT in the higher education field.

• **undertake의 목적어들**

> **활동:** activity활동을 시작하다, effort노력을 하다, endeavor노력을 하다, journey여행을 시작하다, operation임무를 맡다, reform개혁을 시행하다, tour, venture사업을 시작하다, visit, voyage
> **임무:** duty, enterprise, expedition탐험을 시작하다, mission임무를 맡다,

responsibility, task, work
변화: conversion전환에 착수하다, modification수정에 착수하다, restoration, revision개정에 착수하다
계획, 프로그램: campaign, initiative계획에 착수하다, program, project프로젝트를 맡다
연구: assessment평가를 하다, examination조사를 맡다, investigation, research연구를 하다, review, study, survey

211 update
상황이 어떻게 진행되어가고 있는지 최신 상황을 알려준다고 할 때 유용한 동사

update는 '업데이트 하다'라는 뜻으로 매우 익숙한 단어인데, update 다음에 어떤 단어가 오는지 주목할 필요가 있습니다. 프로그램이나 컴퓨터를 업데이트하는 것이 아니라 I will update you.처럼 사람을 업데이트한다고 하면 그 사람에게 계속해서 최신 정보를 알려주겠다는 뜻이 되죠. 특히 I will update you on ~처럼 전치사 on과 함께 쓰면, on 다음에 나오는 내용에 대해 최신 상황을 알려주겠다는 말이 됩니다. 사람을 목적어로 썼을 때의 의미를 기억하기 바랍니다.

- 회사는 채권자들을 만나 재무 상태에 관한 업데이트된 정보를 제공하기로 합의했습니다.

The company has agreed to meet creditors to update them on its financial status.

- 협상에 관해 가장 최근에 진행된 내용을 알려드리겠습니다.

I will update you on the most recent developments on the negotiation.

212 **value**

'가치있게 생각하다', '중시하다'라는 의미의 동사로도 쓰인다.

value은 '가치'라는 뜻이지만, '~을 가치있게 생각하다', '~의 가치를 중시한다'라는 의미도 지닙니다. 특히 경제 용어로는 '얼마로 평가받다'라는 뜻도 되죠. 아래 예문과 콜로케이션 리스트를 참고하여 value를 동사로도 활용해 보기 바랍니다.

- 저는 정직을 중시하는 가정에서 태어나고 자랐습니다.

I was born and raised in a family that valued honesty.

- 그 기업은 불과 2년 전 가치의 10분의 1로 매각되었다.

The company was sold at the one tenth of what it was valued just two years ago.

- value의 목적어들

> **추상적인 가치:** contribution기여를 높이 평가하다, diversity다양성을 중시하다, freedom자유를 중요하게 여기다, friendship, honesty, independence, privacy
> **자산, 돈:** asset자산을 평가하다, property부동산을 평가하다, stock주식을 평가하다,
> **정보:** input정보를 중시하다, work

213 **vary**

'그건 상황/변수에 따라 다르다'라는 말을 표현할 때 유용한 동사

vary는 '다양하다'라는 뜻을 지닙니다. 그래서 '~은 참으로 다양합니다', '~은 상황에 따라 다릅니다'라는 말을 할 때, vary 동사 하나만 붙이면 의미가 통합니다. '상황에 따라 다릅니다'라고 할 때 잘 쓰는 That depends.도 대신 It varies.라고 표현할 수 있습니다. 답이나 해

결책이 여러 개라는 의미를 vary 한 단어로 표현하는 방법에 주목하기 바랍니다.

- 그 기업의 매출은 계절에 따라 크게 다르다.

The company's revenue varies widely from season to season.

- "한 달에 비행기를 몇 번 타세요?" "아, 상황에 따라 다릅니다." 그녀가 대답했다.

"How many times a month do you fly?" "Oh, it varies," she answered.

- **vary의 주어들**

> **비율, 수치**: effect결과가 다양하다, estimate견적이 다양하다, level, number, percentage, price가격이 달라진다, rate, ratio, size, temperature기온이 달라진다, width
> **취향**: opinion의견이 다양하다, taste취향이 다양하다
> **특성**: quality품질이 달라진다

214 voice

동사 voice는 그냥 말을 한다는 뜻이 아니라 '목소리를 내다', '어떤 의견을 표하다'라는 의미로 쓰인다.

voice는 동사로 '목소리를 내다', '어떤 의견을 밝히다'라는 뜻도 지닙니다. 예를 들어 '걱정하다'는 voice a concern처럼 말할 수 있죠. '표현하다'라는 뜻을 지닌 express와 비슷하다고 보면 됩니다. 명사 말고 동사로 쓰는 voice의 쓰임을 기억하기 바랍니다.

- 많은 전문가들이 어린 나이에 여러 언어에 노출되는 것에 대해 우려를 표명했다.

Many experts have voiced concerns about being exposed to multiple languages at a young age.

- 그들은 오랫동안 자신의 의견을 표명했지만 아무도 귀를 기울이지 않았다.

They have voiced their opinion for a long time, but they were never heard.

- voice의 목적어들

> **부정, 분노, 화**: anger분노를 표하다, displeasure불편함을 표하다, fear, outrage
> **긍정**: hope희망을 표하다, support지지를 드러내다
> **감정, 욕망**: concern우려를 표하다, desire욕망을 드러내다, feeling, sentiment정서를 드러내다
> **승인, 동의**: approval
> **불만, 좌절**: complaint불만을 표하다, disappointment실망을 표하다, discontent불만을 표시하다, dissatisfaction, frustration, grievance, worry
> **생각**: opinion의견을 표하다, view
> **반대**: criticism비판의 목소리를 내다, disagreement동의하지 않음을 드러내다, disapproval, doubt, objection반대를 표시하다, opposition, reservation, skepticism, suspicion

215 wait

주어 자리에 사람이 아니라 무생물이 오는 경우에 주목하자.

wait의 뜻이 '기다리다'이기 때문에 사람을 주어로 하는 문장만 생각하기 쉽죠. 하지만 동사 wait의 주어 자리에는 '일'이나 '업무'와 같은 단어도 올 수 있습니다. 그럴 때는 일이나 업무가 급하지 않기 때문에 나중에 처리해도 된다는 뜻이 되죠. 아래 예문을 참고하기 바랍니다.

- 그 프로젝트는 나중에 해도 돼. 일단 지금 하는 일에 집중하도록 해.

The project can wait. Just focus on what you are working on now.

- 죄송하지만 지체할 수 없는 일입니다. 지금 바로 시작하셔야 해요.

I'm sorry, but this can't wait. You have to get to it right now.

216 weigh

weigh는 깊게 생각하고 장단점을 숙고한다는 뜻을 지닌다. 생각이 깊은 것과 무게가 많이 나가는 것을 연결 짓던 데서 유래했다.

weigh가 명사로는 '무게'를 뜻하는데, 동사로는 '신중하게 생각하다'라는 뜻이 있어요. 무게가 많이 나가는 것과 생각이 깊은 것이 서로 연관이 있다고 믿었기 때문입니다. up까지 붙여 weigh up과 같은 구동사로 표현하는 경우도 있지만, 그냥 weigh라고만 해도 '곰곰이 생각하다'라는 뜻이 됩니다. weigh의 목적어로 잘 등장하는 표현이 pros and cons, 즉 '장단점'이죠. 어떤 선택의 좋은 점과 나쁜 점을 생각해본다고 할 때, weigh the pros and cons of ~라고 말할 수 있어요.

- 나는 늦게 결혼하는 것의 장단점을 저울질했다.

I weighed the pros and cons of getting married at an old age.

- 문맥에서 단어의 의미를 생각해 보라. 그냥 암기하지 말라.

Weigh the meaning of the word in a context. Don't just memorize.

- weigh의 목적어들

> 장단점: benefit혜택/장점을 생각하다, merit, risk위험을 생각하다
> 사실, 증거: evidence증거를 꼼꼼히 검토하다, situation상황을 깊이 생각하다

217 wish

hope와 wish의 쓰임을 헷갈리지 않도록 주의해야 한다.

hope에서 설명했던 것처럼, hope는 그냥 '~하면 좋겠습니다' 정도 뜻이고, wish는 소망을 얘기하는 겁니다. 그래서 '어떤 일이 일어날 가능성이 현실적으로 없지만 일어났으면 좋겠다', 이런 의미가 되기도 하지요. I wish I could ~, I wish I were ~ 처럼 소위 가정법 문형으로 쓰는 것도 일어날 가능성이 적은 일을 얘기하기 때문입니다. 우리가 이메일에서 쓰는 '잘 지내시길 바랍니다', '이번 협상이 좋은 결과로 이어지길 바랍니다'와 같은 말은 I wish ~가 아니라 I hope ~을 써야 맞습니다.

• 회사를 그만두고 창업을 한다고? 부럽다(나도 그랬으면 좋겠어).

Are you going to quit and start your own business? I wish I were you.

• 모두에게 행운이 있기를 바랍니다.

I wish everyone the best of luck.

218 withdraw

뒤로 물러선다는 기본 뜻에서 파생하여, '후퇴하다', '인출하다' 등 다양한 뜻을 지니는 단어다.

withdraw는 기본적으로 '뒤로 빼다', '물러서다'라는 뜻입니다. 현금을 현금인출기에서 인출하는 것도 말하자면 빼는 것이니 withdraw라고 표현하죠. 후퇴를 하거나 철수하는 것도 withdraw라고 합니다.

• ATM에서 한 번에 700만원 이상 인출할 수 없다.

You can't withdraw more than seven million won from an ATM at a time.

• **소수 정당 중 하나가 대통령에 대한 지지를 철회했다.**
One of the minority parties withdrew its support for the president.

• **withdraw의 목적어들**

> **돈, 계좌:** account, bill, cash, charge, fund, funding투자를 철회하다, money, saving
> **군대:** force부대를 철수시키다, troops
> **동의, 찬성:** allegation, bid신청을 철회하다, claim주장을 철회하다, consent동의를 철회하다, endorsement지지를 철회하다, offer, permission, proposal, statement, support
> **반대:** objection반대를 취소하다
> **조치, 처분:** aid지원을 철회하다, application, nomination지명을 철회하다, remark발언을 철회하다, resignation사임을 철회하다, sponsorship, threat

219 yield

yield가 '양보'라는 뜻으로 쓰이는 경우는 도로 표지판뿐이다. 일상에서 yield를 '양보하다'의 뜻으로 쓰지 않는다.

도로표지판의 '양보'를 yield라고 하기 때문에 일상에서 '양보하다'도 yield라고 표현하는 경우를 자주 봅니다. 하지만 yield는 일상에서 '누구한테 뭔가를 양보한다'라고 할 때 쓰이지 않습니다. yield는 뭔가를 만들어 내거나 이익을 낸다는 뜻입니다. 아래 예문처럼 재무 용어로 더 빈번히 쓰이죠. 일상에서 쓰이는 '양보'를 표현하는 한 단어를 찾기는 어려운데, 굳이 찾는다면 concession이 가장 가깝습니다. 예를 들어 Making a concession now will set a dangerous precedent(지금 양보하는 것은 위험한 선례를 남기는 것이다).처럼 표현할 수 있죠.

• **이 투자의 연간 수익률은 최소 10%는 된다.**

This investment will yield a yearly return of at least 10 percent.

- 이 공장에서 매달 전기차 1만대 이상을 생산한다.

This factory yields more than 10,000 EVs per month.

- yield의 주어들

　투자, 사업: investment투자가 ~의 수익률을 내다
　연구: approach접근 방식이 ~라는 결과를 가져오다, research연구 결과가 ~이다

- yield의 목적어들

　아이디어, 정보: answer, clue, information, insight, response
　이익, 혜택: benefit, fruit결실을 맺다, gain이익을 가져오다, improvement, profit, result
　돈, 수익: dividend배당금이 ~이다, return수익률을 내다, revenue매출을 일으키다, reward, saving
　상품: crop~을 산출하다

Exercise 5

▶ 다음 빈 칸에 가장 잘 어울리는 단어를 고르세요.

1. 지원자가 너무 많아 우선 학점으로 걸러내기로 했다.
There were too many applicants, so I decided to _____ them out based on GPA first.
①film ②slate ③board ④screen

2. 충분한 자금이 확보되기 전까지 사업을 확장하지 않는 것이 좋겠어.
I would prefer not to expand the business until sufficient funds are _____.
①secured ②confirmed ③resolved ④formed

3. 한 사람의 인격을 형성하는 요인은 여러가지가 있지만, 부모와의 관계가 가장 중요하다고 생각한다.
There are many factors that _____ a person's personality, but I think the relationship with their parents is the most important.
①shape ②figure ③model ④frame

4. 그는 질문을 계속 회피하기만 하고 한 번도 확실하게 답변한 적이 없다.
He keeps _____ questions and never gives a definitive answer.
①sidestepping ②downstepping ③overstepping ④misstepping

5. 국경을 봉쇄하는 바람에 질병이 빠르게 퍼져나가는 것을 막을 수 있었다.
Sealing the borders prevented the disease from _____ fast.
①unfolding ②spreading ③distributing ④extending

6. 나의 지적인 호기심을 자극하는 것 같아서, 나는 대형 서점에 가는 것을 좋아한다.
I like going to big bookstores because they seem to _____ my intellectual curiosity.

①induce ②promote ③stimulate ④provoke

7. 유언비어에 의해 여론이 쉽게 좌우되는 시대는 지났다.
Gone are the days when public opinion is easily _____ by rumors.
①swelled ②swapped ③swooped ④swayed

8. 내연기관 자동차에서 전기 자동차로 전환되는 과정이 좀 더 빨라져야 한다고 그는 주장한다.
He argues that the _____ from internal combustion engine vehicles to electric vehicles should be accelerated.
①switch ②exchange ③trade ④replace

9. 회원으로 가입하면 주식시장에 대한 최신 정보를 제공해 드립니다.
When you sign up for the membership, we will _____ you on the most recent information about the stock market.
①provide ②supply ③improve ④update

10. 회의에 참석한 모든 사람이 인플레이션에 대해 우려를 표명했다.
Everyone at the meeting _____ concern about inflation.
①interpreted ②voiced ③sounded ④spoke

11. 퇴사의 장단점을 꼼꼼히 따져 보고 사표를 제출해야 한다.
You should carefully _____ the pros and cons of resigning and submit your resignation.
①weigh ②reflect ③matter ④load

▶ 정답 및 해설

1 '스크리닝한다'라는 외래어에 딱 맞는 동사가 **screen**이다.

2 안전하다는 뜻을 지닌 형용사 **secure**는 '확보하다'라는 뜻의 동사로도 쓰인다.

3 어떤 모양을 만드는 것을 **shape**라고 한다. 모습을 갖춰 나가는 것을 말할 때 유용하다. **figure, model, form** 모두 비슷한 뜻을 지닌 단어들이지만, 그런 의미의 동사로 쓰이지는 않는다.

4 말 그대로 옆으로 비켜선다는 뜻이다. **side-**가 들어간 동사를 찾아야 한다.

5 좋은 것이든 나쁜 것이든 널리 퍼지는 모양은 **spread**로 나타낼 수 있다. **unfold**는 이야기 등이 전개된다는 뜻이고, **distribute**는 분배한다는 뜻이다.

6 특히 지적인 호기심을 자극하는 것을 **stimulate**라고 한다. **induce**는 유도한다는 뜻이고, **provoke**는 '도발하다'에 가까우므로 어울리지 않는다.

7 **sway**는 좌우로 왔다갔다하게 만든다는 뜻이기 때문에, 여론을 좌우한다는 뜻으로 잘 쓰인다. **swell**은 부풀거나 증가한다는 뜻이고, **swoop**은 독수리가 하늘에서 내려오는 모양처럼 공중에서 아래로 급히 내려와 덮치는 것을 말한다.

8 **switch**는 이쪽에서 저쪽으로 전환되는 것을 말한다. **exchange**나 **trade**는 교환을 가리키는 단어이므로 적절하지 않다.

9 **update** 뒤에 사람이 오면 '~에게 최신 정보를 알려준다'는 뜻이 된다. **provide**나 **supply**도 공급한다는 뜻이지만, 최신 정보를 제공한다는 의미이므로 **update**가 가장 적절하다.

10 **voice**는 동사로 '목소리를 낸다'라는 뜻인데, 노래한다는 의미가 아니라 우려나 의견을 표명한다는 말이다.

11 신중히 생각해 보는 것을 **weigh** 혹은 **weigh up**이라고 한다. 장단점을 따져 본다고 할 때 **weigh the pros and cons of** ~라고 말한다.

정답
1 ④ 2 ① 3 ① 4 ① 5 ② 6 ③ 7 ④ 8 ① 9 ④ 10 ② 11 ①